영어회화감각을 키우는

대단한 영어 속담

영어회화 감각을 키우는
대단한 영어속담

2판 1쇄 2022년 8월 10일 발행
1판 1쇄 2007년 5월 20일 발행

지은이 이유진
펴낸이 엄경희
펴낸곳 서프라이즈

주소 서울 마포구 연남로5길 19-5
전화 02) 719-9758 팩스 02) 719-9768
이메일 books4u@naver.com
등록 제313-2003-00382호

ISBN 978-89-92473-23-1 14740

책값은 뒤표지에 있습니다.

영어회화감각을 키우는

대단한 영어 속담

101 Proverbs for English Conversation

이유진 지음

서프라이즈

머리말

101이란?

이 책은 101가지 영어회화 이야기를 담고 있습니다. 101은 원래 미국에서 대학교 때 처음 듣는 과목들의 명칭에 따르는 숫자입니다. 예를 들어 경제학 입문 과목을 듣는다면 수강번호가 Economics 101, 철학이라면 Philosophy 101 식으로 표시됩니다. 학년이 올라가고 강의가 어려워질수록 숫자가 높아집니다. 4학년들은 대개 401로 시작하는 과목을 수강하게 되지요.

101은 입문한다는 뜻, 처음 배우는 사람들에게 적합하다는 뜻, 무난히 들을 수 있다는 뜻이 내포되어 있으며, 이 책 역시 그 뜻을 이어받아 영어회화의 감각을 기르기 위해 누구나 무난히 소화할 수 있는 내용으로 알차게 꾸며져 있습니다. 마치 잘 씌어진 요리책을 가지고 요리감각을 쉽게 기를 수 있듯이, 이 책도 영어감각을 기르기 위한 다양한 내용과 장치들이 마련되어 있습니다.

이 책을 쓰게 된 동기

영어회화를 책으로 배운다는 것은 무척 어려운 도전입니다. 회화를 책으로 배운다는 사실 자체만으로 이미 그 언어는 모국어가 아니라는 뜻이죠. 여러분도 한국어를 책으로 배우진 않으셨죠? 많은 영어책들을 보면 도움을 받았을 때 "Thank you very much."라는 말을 하라고 가르칩니다. 이것이 바로 상황별 회화 학습법이며, 이제까지 나온 회화책들의 대다수가 상황별 회화 구문을 외우라고 주장합니다. 그런데 만약 원어민한테 도움을 부탁했는데 도와주지 않을 땐 뭐라고 말합니까? 그 상황에서도 "Thank you very much."라고 해야 되나요?

저는 오래 전 영어회화책을 써 달라는 청탁을 받은 적이 있습니다. 단호히 거절

했습니다. 세상에서 가장 단어가 많은 언어, 세상에서 가장 널리 쓰이는 언어, 세상에서 가장 강력한 언어를 제가 비록 평범한 원어민들보다 잘 구사한다 해도, 어찌 저만의 영어회화 지식을 다수의 사람들에게 다수의 사람들이 원하는 것으로 전달할 수 있을지 감이 잡히지 않았지요. 물론 바다 한 번 건너가 보지 않은 사람들도 영어회화 베스트셀러를 곧잘 내곤 했지만 저는 개의치 않았지요. '내 말만 믿으면 모든 게 해결되리라' 와 같은 말을 하면서 예수님 흉내를 내는 건 제 취향이 아니거든요.

몇 년 후, 아무리 상황별로 회화 구문을 외워도 그렇게 짜여진 상황이 아니고서야 입이 떨어지지 않는다는 친구들, 도대체 영어회화책들은 왜 그리 따분하냐며 열 장을 넘겨 보기 어렵다고 하소연하는 사람들, 큰 빚을 져서라도 영어회화를 배우러 해외로 가려는 집안의 아이들 등을 생각하며 과연 제가 할 수 있는 것이 아무것도 없을까, 과연 저처럼 미국과 한국을 자주 오가며 미국에서 16년, 한국에서 13년을 산 사람이 영어회화에 대해서 할말이 없는 것일까, 아이비리그 대학에서 영어를 전공하는 사람이 회화책을 쓴다는 도전을 피할 수밖에 없는 것일까…, 많은 고민을 했습니다. 그리고 하나씩 해결하기 시작했습니다.

왜 영어속담인가?

우선 저만의 영어를 많은 사람들에게 전해 주기보다는 많은 사람들이 쓰는 영어를 많은 사람들에게 전해 주기로 했습니다. 원어민들이 공통적으로 이해하고 사용하는 표현을 알아야 원어민들과 영어로 대화를 나눌 수 있다는 명확한 전제를 세웠습니다. 그런데 제가 많은 사람들이 쓰는 표현이라고 말하면, 그게 많은 사람들이 쓰는 표현이 되는 걸까요? 거짓말이 사실처럼 곧잘 둔갑되는 세상에서는 진실을 말해도 설득력이 떨어집니다. 증거 없는 주장은 할 필요가 없다고 생각했습니다. 여러분은 이 책에 나오는 모든 표현에 대한 증거를 쉽게 찾아볼 수 있습니다. 인터넷에서 표현을 그대로 쳐도 되고 sayings(proverbs)라는 키워드를 amazon.com에서 치면 속담이나 격언에 대한 책을 수십 권 찾아볼 수 있습니다.

수많은 사람들이 특정한 표현에 동조하고 즐겨 쓰면 격언이나 속담으로 역사에 남게 됩니다. 원어민들은 속담이나 격언을 일상생활에서 즐겨 씁니다. 재치있고 재미있으며 많은 사람들이 쉽게 이해하는 격언은 초등학생부터 대통령까지 일상회화나 작문을 할 때 원문 그대로 사용하거나 살짝 바꿔서 사용합니다. 신문 기사부터 광고문구까지 영어권 국가에 살면 이 책에 나오는 표현들을 흔히 볼 수 있습니다. 저는 그저 영어권 국가의 수많은 사람들이 쓰는 영어표현을 여러분에게 효과적으로 전달할 뿐입니다.

영어회화감각을 키워 주는 책!

영어속담이나 격언을 아이템으로 정한 뒤, 어떻게 하면 재미와 가치를 전달할 수 있을지 고민했습니다. 속담이나 격언만 모아 놓으면 책으로서의 가치가 없을 것 같았습니다. 인터넷에서도 그런 표현을 쉽게 찾아볼 수 있으니까요. 미국에서 나온 표현 책들은 수백 내지 수만 개의 표현을 모아 놓았습니다. 미국인들은 그런 책을 보면서 '아, 이럴 때 이런 말을 이렇게 하면 되겠군!' 이라는 깨달음만 얻으면 그만입니다. 그런 깨달음을 얻은 뒤 곧바로 일상회화나 작문에 적용이 가능하니까요.

바로 그 점에 착안하여 회화책으로 꾸밀 생각을 했습니다. 표현의 맛깔스러움을 그대로 살리면서 그 표현이 일상적인 말로 어떻게 풀어져 사용되는지를 회화의 스크립트로 보여주고 싶었습니다. 이러한 표현들을 익히면 영어문화를 이해하는 안목이 생기며 무엇보다 영어회화감각을 키울 수 있습니다. 영어회화감각을 집중적으로 키우기 위해 알차게 만들어진 영어회화 책을 보신 적이 있습니까? 여러분 손에 잡힌 이와 같은 책을 말이죠.

상황에 상황을 거듭하면서 지루하게 회화 문장을 반복해서 외우는 형식이 아닌, 표현 하나하나의 의미를 살려 주는 다이얼로그로 영어회화를 배울 수 있습니다. 즉 상황에 따른 문장이 아니라 의미에 따른 문장을 배우는, 간단한 차이지만 새로운 경험을 할 수 있습니다. 이제 외국인한테 도움을 받은 상황에서 "Thank you very much."라고 말한다고 무조건 외우고, 그것만이 회화책의 내용이라고 여겼던 상황에서 벗어날 수 있습니다.

재미있고 가치 있는 책!

이 책을 쓰면서 뜻하지 않은 즐거움도 발견했습니다. 처음에는 영어표현의 독특한 재미에 흠뻑 빠졌는데, 시간이 지날수록 서양의 표현법과 동양의 표현법 사이의 유사점과 차이점을 비교해 보는 게 더욱 재미있어졌습니다. '남자의 마음을 사로잡으려면 그의 배를 채워 줘라' 나 '지옥으로 가는 길은 좋은 의도로 포장되어 있다' 와 같이 재미있거나 의미심장한 표현이 있는 반면, '추장은 많은데 인디언이 부족하다' 나 '필요할 때 도와주는 친구가 진짜 친구다' 와 같이 동쪽에서 중요하게 여기는 것을 서쪽에서도 중요하게 생각한다는 사실이 흥미로웠습니다. 세상은 참 바쁘고 어지럽게 돌아가더라도 인간의 본심은 어디를 가나 비슷한가 봅니다.

이번 작업을 통해 저도 많은 것을 배웠습니다. 어떻게 영어로 맵시 있게 말할 수 있는지를 배웠고, 세상을 바라보는 시야가 넓어졌으며, 사람을 이해하는 안목도 깊어졌습니다. 이렇게 재미있게 글을 써 본 적이 몇 번 없었습니다. 총 5개의 테마로 나뉘어져 있는 영어 표현들을 보면서 여러분도 비단 영어회화감각뿐만 아니라 다양하고 좋은 깨달음을 얻을 것이라 믿습니다.

'과연 한 사람이 여러 사람을 위해 좋은 영어회화책을 쓸 수 있을까?' 몇 년 전에 이런 고민을 하면서 강하게 부정했던 제 자신이 부끄럽습니다. 'Necessity is the mother of invention.'이라는 말을 떠올리며 이제 자신 있게 여러분에게 이 책을 선사합니다.

뉴욕에서

이유진

이 책의 구성과 활용법

② **번역** 직역에 최대한 충실했지만 때로는 의역한 경우도 있습니다. 익숙한 표현도 있고 어떤 것은 낯설 수도 있습니다. 동서양 표현의 차이점과 유사점을 비교해 보세요.

035 사과는 나무에서 멀리 떨어지지 않는다

The apple doesn't fall far from the tree.

① **영어속담** 뉴욕의 젊은이들이 즐겨 쓰는 101가지의 영어속담을 실었습니다. 영어 속담의 의미를 한번 생각해 보세요. 표현들이 함축적으로 담고 있는 유머와 재치, 삶의 지혜와 교훈을 느껴 보세요.

③ **스케치** 영어속담에 대한 이해를 높이는 동시에 기억에 오래 남도록 스케치를 넣었습니다. 스케치를 보면서 영어속담을 음미해 보세요.

⑨ Children take after their parents. Parents should be aware that their children learn from their thoughts and actions.

자식들은 부모를 따라합니다. 부모들은 자신들의 생각과 행동으로부터 자식들이 배운다는 사실을 깨달아야 합니다.

100

④ **해설** 속담을 일상 영어로 쉽게 풀어서 설명했습니다. 간략하면서도 명쾌한 영영 풀이를 통해 영어속담의 의미를 더욱 잘 이해할 수 있는 한편 그대로 회화에 활용함으로써 토크센스를 기를 수 있습니다.

5 **인용문** 책이나 신문, 잡지에 영어속담이 그대로 쓰이거나 살짝 바뀌어서 인용된 좋은 실례를 출처와 함께 소개했습니다. 감각적이고도 세련된 영어의 맛과 멋을 느낄 수 있습니다.

Talk Sense **Quotation**

Three of the current crop of candidates for President are sons of United States Senators. The apple seldom falls far from the tree.

대통령 후보들 중에 세 명이 연방 상원의원의 아들들이다. 사과가 나무에서 멀리 떨어지는 경우는 드물다.

– *the New York Times*

Talk Sense **Dialogue**

6 **다이얼로그** 영어속담을 어떤 의미로 어떻게 쓸 수 있는지 보여주는 것으로, 모든 문장을 회화에서 그대로 활용할 수 있도록 생생한 현지영어 표현으로 만들었습니다. 유쾌하면서도 수준 있는 다이얼로그를 듣고 따라하다 보면 자연스럽게 원어민의 회화감각이 길러집니다. >> 다이얼로그 녹음 수록

Max The chicken eatery near my house is closing.

Sally Oh, that's sad. You liked the place so much. Why are they closing?

Max The owner's too old and his son wants to open a computer shop.

Sally Many Japanese stores are owned from generation to generation. They have pride in their craftsmanship.

Max They had a fairly good business, but I heard the son doesn't like chicken.

Sally It sounds like the apple fell far from the tree.

맥스 우리 집 근처에 있는 치킨 집이 문을 닫는데.
샐리 어머, 그거 안됐네. 너 거기 되게 좋아했잖아. 왜 닫는데?
맥스 주인은 너무 나이가 들었고 아들은 컴퓨터 가게를 열 거래.
샐리 많은 일본 가게들은 대대로 이어져. 그들은 자기네 기술에 대한 자부심이 있어.
맥스 그 가게는 장사가 꽤 잘됐는데, 내가 듣기론 아들이 치킨을 싫어한대.
샐리 이 경우는 사과가 나무에서 멀리 떨어진 것처럼 들리네.

eatery 작은 식당 **from generation to generation** 대대로 **craftsmanship** (손)기술 **fairly** 꽤 **good business** 장사가 잘 되는 상점 **it sounds like** ~처럼 들리다

101

7 **어구해설** 영어속담, 해설, 인용문, 다이얼로그에 나오는 단어와 숙어의 우리말 뜻을 정리해 놓았습니다.

챕터 리뷰 각 챕터가 끝나면 Talk Sense Review가 마련되어 있어 영어속담을 다시 한번 듣고 말하며 연습할 수 있습니다. 다양한 직업, 다양한 관계 속 사람들간의 생생한 다이얼로그가 기존의 영어책에서는 경험할 수 없는 회화공부의 즐거움을 제공하며 회화감각을 키워 줍니다. 8

랜덤 다이얼로그 현지 일상회화를 그대로 살린 랜덤 다이얼로그를 통해 실전에 강한 영어회화감각을 기를 수 있습니다. 특히 대화 도중 영어속담 부분이 우리말로 제시되어 한번 더 확인 학습하면서, 영어속담을 눈으로 익히는 데 그치지 않고 완전히 내 표현으로 만듭니다. 9

>> 랜덤 다이얼로그 녹음 수록

Talk Sense Review

001 **Ski instructor:** Hey, everybody, listen up. I'll show you how to stop yourselves when you go down a slope. It's important to balance your power and weight. Many of you will fall down, but don't feel ashamed. Remember, 언제나 첫걸음 때는 게 가장 어렵지요, and it gets easier from then on.

002 **Artist:** I'm depressed. The sculpture I'm trying to make isn't coming out right. I keep messing up the eyeballs. Why do I keep making mistakes?
Friend: Don't worry too much. 실수를 하지 않고서는 아무것도 만들 수 없어.

003 **Man:** I'm falling in love with two women at the same time. I'm attracted to Ji-na for her looks and style. And I'm attracted to Mi-na for her brains and background. What should I do? I can't give up either one.
Friend : 끝낼 수 없는 것은 시작하지 마. Go with the person you are most attracted to.

004 **Eric:** I love Spam. It tastes so good when you put a thin slice of Spam on a spoon of rice. It's also good with eggs. I can't imagine living without Spam. But did you know that Spam was originally made for the American soldiers fighting in World War II? Spam was made since the soldiers couldn't eat meat on the battlefield. 필요가 발명의 어머니가 된 경우이지.

'돌다리도 두드려 보고 건너라' 고 하는 속담을 이해하는 것이 한국의 문화와 풍습, 그리고 한국어의 표현에 대한 감각을 일깨워 준다는 것에 이의가 없을 것입니다. 영어속담도 마찬가지입니다. 그러나 속담이나 격언만 놓고 보면 재미가 없겠죠? 이 책은 그것들이 일상회화에서 어떻게 사용될 수 있는지를 잘 보여줍니다. 문장암기식 회화공부에서 벗어나 기억도 잘 되고 재미도 느낄 수 있도록 이야기 형식의 대화체로 구성했습니다. 그 이야기 속에

10 **해석 및 해설** 우리말 뜻을 다이얼로그 바로 밑에 두지 않고 옆면에 배치함으로써 참조하기 편리하면서도 영-한, 한-영 바꿔 말하기 연습을 할 수 있습니다. 또한 영어속담이 어떻게 조금씩 바뀌어 쓰이는지도 확인할 수 있습니다. 학습 편의를 위한 어구해설도 상세하게 실었습니다.

Chapter **One**

스키 강사: 자, 모두들 들어 보세요. 슬로프를 내려갈 때 어떻게 멈추는지 시범을 보여 드리겠습니다. 힘과 체중의 균형을 잡는 것이 중요합니다. 많은 분들이 넘어지겠지만, 창피해하지는 마세요. The first step is always the hardest, 그리고 차츰 쉬워진다는 점을 명심하세요.

📖 **listen up** 귀를 기울이다 **go down** 내려가다 **fall down** 쓰러지다, 넘어지다 **feel ashamed** 부끄러움을 느끼다 **get easier** 쉬워지다 **from then on** 그 후로, 차츰

예술가: 나 우울해. 내가 만드는 조각이 제대로 안 만들어지고 있어. 계속 눈알을 망치고 있어. 왜 계속 실수를 하는 거지?

친구: 너무 걱정하지 마. If you don't make a mistake, you can't make anything.

📖 **come out right** 제대로 되다 **mess up** 엉망으로 만들다 **keep ~ing** 계속 ~하다

남자: 나 두 여자와 동시에 사랑에 빠져 있어. 지나에게는 외모와 스타일 때문에 끌리고 있어. 그리고 미나에게는 두뇌와 배경 때문에 끌려. 어떻게 하지? 어느 누구도 포기할 순 없어.

친구: Don't start anything you can't finish. 가장 끌리는 사람과 함께하도록 해.

📖 **fall in love with** ~을 사랑하게 되다 **at the same time** 동시에 **be attracted to** ~에게 끌리다, 매력을 느끼다 **give up** 포기하다

에릭: 난 스팸이 너무 좋아. 숟가락에 밥을 떠서 얇은 스팸 한 조각을 올리면 너무 맛있어. 계란과 먹어도 맛있고. 스팸 없이 사는 건 상상할 수도 없어. 그런데 너 스팸이 원래 제2차 세계대전 때 싸우던 미국 병사들을 위해서 만들어졌다는 사실을 알고 있니? 전쟁터에서 병사들이 고기를 먹지 못하기 때문에 스팸이 만들어진 거야. It's an example of necessity being the mother of invention.

📖 **taste** 맛이 나다 **originally** 원래

영어속담은 물론 자연스럽고 감칠맛 나는 일상 표현들이 적절하게 버무려져 있습니다.

속담을 꼭 사용하라고 주장하지는 않습니다. 그러나 영미인들이 즐겨 쓰는 격언들을 확실히 이해하고 나면 영어를 쓰는 감각이 월등히 높아집니다. 언제 어떻게 쓰게될지 모르는 한 문장짜리 영어회화 학습에서 벗어나, 이제 이야기로 영어회화를 배워 보세요.

차례

1 도전과 성공 Challenge & Success

2 생각과 행동 Thoughts & Actions

4 깨달음과 감동 Now I Know

5 삶의 지혜와 세상만사 Words of Wisdom

POST

도전하면 할수록 성공할 가능성이 높아집니다. 하지만 실패의 쓴맛을 보지 않고서는 성공의 달콤함도 느낄 수 없습니다. 필자는 아직 성공의 달콤함을 맛본 적이 몇 번 없습니다. 그런 달콤함을 못 잊어 늘 성공을 꿈꾸기보다는 쓰디쓴 아픔을 견디는 인내심만 커진 것 같습니다.

제가 슬럼프에 빠질 때마다 되새기는 말이 몇 개 있습니다. **April showers bring May flowers**(4월의 소나기는 5월의 꽃을 부른다)나 **Success is never final and failure is never fatal**(성공은 결코 최종적인 것이 아니며 실패는 결코 치명적인 것이 아니다)과 같은 말인데요, 이들 말을 떠올리면서 하늘을 한 번 쳐다보면 금세 털고 일어날 힘이 생겨 납니다. 물론 이 장에 나오는 다른 표현들도 가끔 떠올립니다.

여러분은 도전과 성공에 대한 좋은 말을 알고 있나요? 혹시 잘 모른다면 이 장을 유심히 보세요. 영어뿐만 아니라 희망을 불어넣어 주는 메시지를 얻게 될 것입니다.

1

도전과 성공
Challenge & Success

001

언제나 첫걸음 떼는 것이 가장 어렵다

The first step is always the hardest.

◎ Getting started is the most difficult part of accomplishing something. Even a journey of a thousand miles begins with one step.

무엇인가를 해내는 데 가장 어려운 부분은 시작을 하는 것입니다. 천릿길도 한 걸음부터 시작됩니다.

Talk Sense Quotation

"Let's go," he urges his son. "You can do it. The first step is the hardest, and the second will be easier."

"가자." 그가 아들을 재촉했다. "넌 할 수 있어. 첫걸음을 떼는 게 가장 어렵지, 두 번째는 보다 쉬울 거야."

– *Family Circle*

Talk Sense Dialogue

Jane I don't know how I should start this project. Do you have any ideas?

David Usually, the first step is the hardest. Did you even start working on your project?

Jane No, I haven't. I don't even know where to begin.

David Just begin with what comes easy, and then move on to the difficult things.

Jane That sounds like an idea. I'll try that. Thanks for your advice.

David Anytime, Jane.

제인 이 프로젝트를 어떻게 시작해야 될지 모르겠어. 너 아이디어 좀 있어?
데이비드 원래 첫걸음이 가장 어려운 법이지. 그 프로젝트를 시작은 했어?
제인 아니, 아직 안 했어. 어디서부터 시작해야 될지 모르겠어.
데이비드 그냥 쉬운 것부터 시작하고 그 다음에 어려운 걸 하지 그래.
제인 그거 괜찮은 아이디어네. 그렇게 해봐야겠다. 조언해 줘서 고마워.
데이비드 언제든지, 제인.

accomplish 이루어내다 **journey** 여행, 모험 **urge** 재촉하다 **move on** 넘어가다

002

실수해 본 적이 없는 사람은 아무것도
이루어 본 적이 없는 사람이다

He who never made a mistake never made anything.

◎ If the fear of making mistakes stops you from pursuing your goals, you will never achieve your goals. Fear must be conquered.

실수할 것이라는 두려움 때문에 목표 추구를 멈춘다면 결코 목표를 달성할 수 없을 것입니다. 두려움은 정복되어야 합니다.

Talk Sense Quotation

If you never make a mistake, you probably are not trying enough new things. Remember that everybody makes mistakes.

결코 실수를 하지 않는다면 당신은 아마도 새로운 것을 충분히 시도하지 않고 있는 것입니다. 누구든 실수한다는 사실을 기억하세요.

– Princeton Univ. graduation ceremony

Talk Sense Dialogue

Jane Why did you put so much vinegar in the spaghetti sauce?

David I was trying something new — a Bohemian spaghetti.

Jane What? Are you out of your mind? This tastes terrible. Who's going to eat this?

David Hey, take it easy. He who never made a mistake never made anything.

Jane Oh, yeah? If you always make a mistake, then what is that?

David Whatever. To me, this tastes just fine.

제인 스파게티 소스에 식초를 왜 이렇게 많이 넣었니?
데이비드 새로운 거 시도하느라고. 보헤미안 스파게티.
제인 뭐라고? 너 미쳤니? 이거 맛이 너무 형편없어. 누가 이걸 먹냐?
데이비드 어이, 진정해. 실수해 본 적이 없는 사람은 아무것도 이루어 본 적이 없는 사람이라고.
제인 그래? 만약 항상 실수를 한다면 그건 뭐지?
데이비드 어쨌거나. 나한테는 이 맛이 딱 좋은데.

pursue 추구하다 **conquer** 정복하다 **vinegar** 식초 **take it easy** 진정하다 **whatever** 무엇이거나

003 끝낼 수 없는 것은 시작하지 말라

Don't start anything you can't finish.

◎ Think ahead before you start something, and do what you feel you can complete. If you cannot envision the result, it's not a good idea to start.

무엇인가를 시작하기 전에 미리 생각해 보세요. 그리고 끝낼 수 있을 것 같은 일을 하세요. 만약 결과를 상상할 수 없다면, 시작하지 않는 것이 좋습니다.

Talk Sense Quotation

Take my advice, son. Never start anything you can't finish.

아들아, 내 충고를 듣거라. 끝낼 수 없는 것은 절대로 시작하지 말아라.

– *New York Post*

Talk Sense Dialogue

Jane Do you think I should start taking yoga classes?

David That's a good idea, but aren't you busy? I can't imagine finding time for that on your schedule. Don't start anything you can't finish.

Jane You think?

David Absolutely. You go to school, have a part-time job, and meet your boyfriend three times a week.

Jane Well...my boyfriend and I broke up.

David I'm sorry to hear that. It's a good thing that you're looking for new things.

제인 나 요가 수업을 듣기 시작하는 게 좋을까?

데이비드 그거 좋은 생각이지만 너 바쁘지 않니? 네 스케줄을 보면 그럴 시간을 찾는다는 건 상상할 수 없어. 끝낼 수 없는 건 시작하지도 마.

제인 그렇게 생각해?

데이비드 그럼. 학교 가지, 아르바이트 하지, 일주일에 세 번씩 남자 친구 만나지.

제인 실은…나 남자 친구하고 헤어졌어.

데이비드 참 안타까운 소식이군. 새로운 걸 찾기 시작한다는 건 좋은 것이지.

envision (머릿속에) 그려 보다 **imagine** 상상하다 **absolutely** 물론이지, 그렇고말고 **sorry to hear** (듣기에) 안타깝다, 안됐다 **break up** (관계가) 깨지다

004 필요는 발명의 어머니다

Necessity is the mother of invention.

◎ In desperate situations, people will apply their imaginations and skills to solve a problem. In fact, most inventions are created to solve a problem.

절망적인 상황에서 사람들은 자기의 상상력과 기술을 동원해서 문제를 해결하려고 합니다. 알고 보면 대부분의 발명이 문제를 해결하기 위해서 만들어집니다.

Talk Sense Quotation

"Fashion magazines are the mother of invention," Richard Avedon says. "May the best mother win."

"패션 잡지는 창작의 어머니. 가장 뛰어난 어머니가 이기소서." 리처드 아비든은 말한다.

– *the New York Times*

Talk Sense Dialogue

David You wouldn't believe what I did yesterday.

Jane Tell me.

David I left my cell phone at home and went out to club NB and met this really hot girl.

Jane I assume you stalked her.

David Not at all. We hit it off. I wanted to get her number but didn't have my phone, so I wrote her number down on my arm with her lipstick.

Jane My gosh! Necessity is the mother of invention indeed.

데이비드 어제 내가 무슨 일을 했는지 믿지 않을 거야.

제인 말해 줘.

데이비드 집에 휴대폰을 놔둔 채 클럽 엔비에 가서 끝내 주는 여자를 만났어.

제인 그녀를 스토킹했나 보네.

데이비드 전혀 아니야. 우린 죽이 잘 맞았어. 그 여자의 전화번호를 받으려고 했지만 휴대폰이 없잖아. 그래서 그 여자 립스틱으로 팔 위에다 받아 적었어.

제인 어머! 진짜 필요가 발명의 어머니라니까.

desperate 절망적인 **apply** 적용하다 **Richard Avedon** 패션 사진작가(1923~2004) **assume** 추측하다 **stalk** 뒤를 따라가다 **hit it off** 죽이 맞다 **indeed** 참으로

005 싸우다 도망간 자는 살아서 다음에 다시 싸울 수 있다

He who fights and runs away lives to fight another day.

◎ When in doubt of victory, it is sometimes wiser to retreat and regroup than to suffer a complete defeat. With a complete defeat, you may never fight again.

승리가 불확실하면 때로는 후퇴해서 재편성하는 것이 완패하는 것보다 현명할 수 있습니다. 완패하면 두 번 다시 싸우지 못할지도 모릅니다.

Talk Sense Quotation

He who hunts and turns away may live to hunt another day.

사냥하다가 되돌아간 자는 살아서 다음에 다시 사냥할 수 있다.

– *the New Yorker*

Talk Sense Dialogue

David I ran away from home yesterday.

Jane What happened?

David My dad locked my computer and said I have to be home before 9 pm.

Jane How old are you? Because of that, you ran away?

David It's not funny. I'm serious.

Jane He who fights and runs away lives to fight another day. Go home. Apologize to your father, and think of a better plan.

데이비드 나 어제 집에서 가출했어.

제인 무슨 일이야?

데이비드 우리 아버지가 컴퓨터를 잠가 버리고는 9시 전에 귀가해야 된다고 하셨어.

제인 너 몇 살이니? 그것 때문에 가출했다고?

데이비드 웃을 일이 아니야. 나 심각해.

제인 싸우다 도망간 자는 살아서 다음에 다시 싸울 수 있지.
집에 가라. 아버지께 사과하고 더 좋은 계획을 세워.

when in doubt 의심스러울 때 **retreat** 후퇴하다 **regroup** 재편성하다 **defeat** 패배 **apologize** 사과하다 **plan** 계획

006 최고를 기대하고 최악에 대비해라

Hope for the best and prepare for the worst.

◎ It is good to be optimistic, but prepare for all possibilities. Things will turn out better if your preparations are thorough.

낙관적인 것은 좋지만 모든 가능성에 대비해 두세요. 철저히 준비해 두면 일이 잘 풀릴 것입니다.

Talk Sense Quotation

Hope for the best, but prepare for the worst. People who have prepared for a fire are much more likely to survive than those who haven't.

최고를 기대하더라도 최악에 대비하세요. 불이 나는 것에 대비한 사람들은 그렇지 않은 사람들보다 살아남을 확률이 훨씬 높습니다.

– *Reader's Digest*

Talk Sense Dialogue

David I'm going on a blind date. My friend tells me she's really hot. What do women like?

Jane A gentle, handsome, well-educated man with lots of money.

David I'm none of those. What should I do?

Jane She might be ugly, mean, and weird.

David Don't say that. I was reassured she was somebody special.

Jane Well then, hope for the best and prepare for the worst. Actually, just prepare for the worst.

데이비드 나 소개팅 해. 내 친구가 진짜 매력적인 여자라고 했어. 여자들이 뭘 좋아하지?
제인 부드럽고, 잘생기고, 좋은 교육 받고, 돈 많은 남자.
데이비드 난 해당 사항이 없군. 어떻게 하지?
제인 그 여자가 못생기고, 못됐고, 이상할 수도 있잖아.
데이비드 그런 말 마. 그녀는 특별하다고 다짐 받았거든.
제인 그럼 최고를 기대하고 최악에 대비해. 그냥 최악에 대비나 하시지.

optimistic 낙관적인 **prepare** 대비하다 **turn out** ~로 되다 **preparation** 준비
blind date 소개에 의한 서로 모르는 남녀간의 데이트, '소개팅' **hot** 매력적인
reassure 재보증하다, 안심시키다

007

성공은 결코 최종적인 것이 아니며
실패는 결코 치명적인 것이 아니다

Success is never final and failure is never fatal.

◎ To keep up with success, it must be followed by hard work. With hard work, failure can be turned into success.

성공을 유지하고 싶으면 성공한 후에도 열심히 일해야 합니다. 열심히 일하면 실패도 성공으로 바꿀 수 있습니다.

Talk Sense Quotation

Some people always judge other people only by success. They forget that success is never final.

늘 다른 사람을 성공만으로 판단하는 사람들이 있다. 그들은 성공이 결코 최종적인 것이 아니라는 사실을 잊는다.

– Reader's Digest

Talk Sense Dialogue

Jane I can't believe I got rejected by the company. I wanted to work there so much.

David I'm sorry to hear that. What about the other companies?

Jane I'm still waiting for the results.

David You know that success isn't final and failure isn't fatal. Keep your chin up.

Jane Thanks. I wonder what I should do if I don't get a job.

David You could go to graduate school and get a better job.

제인 그 회사에서 퇴짜 맞았다는 사실이 믿어지지 않아. 거기서 너무 일하고 싶었는데.

데이비드 그거 참 안됐다. 다른 회사들은 어떻게 됐어?

제인 아직 결과를 기다리고 있어.

데이비드 성공이 최종적인 것이 아니고 실패가 치명적인 것이 아니라는 걸 알잖아. 힘내라.

제인 고마워. 직장 못 구하면 뭘 해야 될지 모르겠다.

데이비드 대학원에 간 다음에 더 좋은 일자리를 구할 수도 있지.

fatal 치명적인 **hard work** 노력 **judge** 판단하다 **get rejected** 거절당하다 **keep one's chin up** 낙담하지 않다

008
4월의 소나기는 5월의 꽃을 부른다

April showers bring May flowers.

◎ After it rains, the soil becomes rich and flowers begin to blossom. Something good may happen as a result of unpleasant events.

비가 온 후에 땅이 비옥해지고 꽃들이 피기 시작합니다. 불쾌한 일의 결과로 좋은 일이 일어날 수도 있습니다.

Talk Sense Quotation

In this odd weather, autumn showers come with April's flowers.

이런 이상기후에는 가을의 소나기가 4월의 꽃과 함께 온다.

– *the New York Times*

Talk Sense Dialogue

David The next presidential election is dividing this country.

Jane You can say that again. But I want to believe that April showers bring May flowers.

David You mean, after all of this you think we will be better off?

Jane Indeed. If we elect better politicians, wouldn't the country become better?

David Do high school classes with good class presidents become better classes?

Jane Hmm...I guess not. A good class seems to be made up of good students.

데이비드 다음 대통령 선거 때문에 나라가 분열되는 것 같아.

제인 그러게 말이야. 하지만 난 4월의 소나기가 5월의 꽃을 부른다고 믿을래.

데이비드 네 말은 이게 끝나면 우리가 더 나아질 것이라는 거니?

제인 그럼. 더 좋은 정치인들을 뽑으면 나라가 더 좋아지지 않을까?

데이비드 고등학교에서 반장을 잘 뽑는다고 더 좋은 반이 되니?

제인 음…아니겠지. 좋은 학생들이 좋은 반을 만드는 것 같아.

showers 소나기 **odd** 이상한 **unpleasant** 불쾌한 **election** 선거 **better off** 살림살이가 나은

009 망설이는 자는 기회를 놓친다

He who hesitates is lost.

◎ Success comes from swift and resolute actions. People who are indecisive are unlikely to succeed.

성공은 신속하고 단호한 행동에서 비롯됩니다. 우유부단한 사람들은 성공할 가능성이 적습니다.

Talk Sense Quotation

He who hesitates is last.

망설이는 자는 꼴찌가 된다.

– Reader's Digest

Talk Sense Dialogue

Jane I don't know if I should meet this guy again.

David What's the problem?

Jane He seems to be seeing other girls. He says they are just friends, but that still bothers me.

David Maybe those friends like him. If you hesitate too much, you will lose the game.

Jane That's the situation that I don't like. I don't want any competition, so I can't make up my mind.

David Tell him how you feel and hope for the best.

제인 나 이 남자를 다시 만나야 되는 건지 모르겠어.

데이비드 문제가 뭔데?

제인 다른 여자들을 만나는 것 같아. 그냥 친구라고 하지만 그래도 신경 쓰여.

데이비드 어쩌면 그 친구들이 그 남자를 좋아할지도 모르지. 너 너무 망설이면 게임에서 진다.

제인 바로 그 상황이 싫어. 나는 경쟁하는 게 싫거든. 그래서 결정을 내릴 수가 없어.

데이비드 네 감정을 그 사람에게 말하고 최상의 결과를 기대해.

hesitate 망설이다 **swift** 신속한 **resolute** 단호한 **indecisive** 우유부단한 **unlikely** 가망 없는 **competition** 경쟁 **make up one's mind** 결정하다

010 모든 것에는 항상 처음이 있다

There's always a first time for everything.

◎ Everything has to have a starting point. Don't be intimidated just because it's your first time; every expert was once a beginner.

만사에 출발점이 있게 마련입니다. 첫 경험이라고 해서 위축될 필요는 없습니다. 모든 전문가도 한때 초보자였습니다.

Talk Sense Quotation

"It's the first time I ever got a turndown. But like they say—there's always a first time for everything."

"제가 처음으로 퇴짜를 맞은 때였어요. 하지만 모든 것에는 처음이 있다는 말이 있잖아요."

– *People*

Talk Sense Dialogue

David The other day something funny happened.

Jane What was it?

David I was teaching my nephew how to ride a bike and I kept telling him that everything would be O.K. I said, "There's always a first time for everything."

Jane Then what?

David Well, he fell off his bike and got a huge cut in his arm. And while he was crying he kept saying, "That was the first time I trusted you uncle."

Jane Poor little boy. You shouldn't be laughing. He sure did learn a valuable lesson.

데이비드 지난번에 웃긴 일이 벌어졌어.

제인 어떤 일이었는데?

데이비드 조카한테 자전거 타는 법을 가르치면서 계속 모든 게 괜찮을 거라고 했지. 그리고 이런 말도 했어. "모든 것에는 항상 처음이 있어."

제인 그리고 어떻게 됐는데?

데이비드 글쎄, 걔가 자전거에서 떨어져서 팔에 큰 상처가 난 거야. 그리고 울면서 계속 이 말을 하는 거야. "내가 삼촌을 처음으로 믿었는데."

제인 불쌍한 아이군. 웃을 일이 아니네. 걔는 진짜 소중한 교훈을 배웠겠구나.

be intimidated 위축되다 **expert** 전문가 **beginner** 초보자 **turndown** 퇴짜, 거절 **valuable** 소중한

011

쇠가 뜨거울 때 두들겨라

Strike while the iron is hot.

◎ Act immediately when the time is right. Successful people have the ability to act when a chance falls upon them.

시기가 적절하면 당장 행동하세요. 성공하는 사람들은 기회가 찾아왔을 때 행동할 수 있는 능력이 있습니다.

Talk Sense Quotation

"I figure I should strike while the iron is hot," he said. "I just wrote a book, and I'd like to write another."

"쇠가 뜨거울 때 두들겨야 한다고 생각합니다. 방금 책을 하나 썼으니까, 또 하나 쓰고 싶습니다." 그가 말했다.

– *the New York Times*

Talk Sense Dialogue

Jane I have some good news and bad news.

David What happened?

Jane I got a job offer from only one company. But I'm not thrilled about that company. The pay is too low.

David That could be a problem. But you need money now. If you don't accept that job, you will have to sell your car. Why don't you just strike while the iron is hot?

Jane I certainly have financial problems. I'll take on your advice.

David Don't forget to buy me dinner.

제인 나 좋은 소식과 나쁜 소식이 있어.

데이비드 무슨 일인데?

제인 한 곳에서만 일자리 제안을 받았어. 하지만 그 회사가 좋은 건 아니야. 보수가 너무 적거든.

데이비드 그건 문제가 될 수 있지. 근데 넌 지금 돈이 필요하잖아. 네가 그 일자리를 받아들이지 않으면 네 차를 팔아야 할 거야. 그냥 쇠가 뜨거울 때 두들기는 게 좋지 않겠어?

제인 나한테 금전적인 문제가 있는 건 맞아. 너의 조언을 받아들이도록 할게.

데이비드 밥 사는 거 잊지 말고.

immediately 당장 **fall upon** (우연히) 찾아오다 **job offer** 일자리 제안 **financial** 금전적인 **dinner** 저녁 식사

012 고통 없이 얻어지는 것은 없다

No pain, no gain.

◎ Nothing can be accomplished without hard work. The most honest measure of hard work is the time and effort to put into it.

그 무엇도 열심히 하지 않고서는 이루어 낼 수 없습니다. 얼마나 열심히 하는가를 재는 가장 진솔한 잣대는 얼마만큼의 시간과 노력을 투자하느냐는 것입니다.

Talk Sense Quotation

Let's talk common sense to the American people. Let's tell them the truth, that there are no gains without pains.

미국인들에게 상식을 얘기합시다. 그들에게 고통 없이 얻어지는 것은 없다는 진실을 말해 줍시다.

– *the New York Times*

Talk Sense Dialogue

David I haven't talked to you for a while. What's up?

Jane I am totally invested in my new job. It's so much fun.

David Oh...why's that?

Jane The base pay is low, but I get commission on the sales I make.

David So, it's like a no pain, no gain situation.

Jane Exactly! And I'm enjoying every pain that comes along with the job.

데이비드 한동안 너랑 얘기 못했네. 잘 지냈어?

제인 나 새로운 일에 완전히 몰입되어 있잖아. 일이 너무나도 재미있어.

데이비드 오…왜?

제인 기본급은 적지만 판매량에 따라 커미션을 받아.

데이비드 그러니까 고통 없이는 얻어지는 게 없는 상황 같은 거로군.

제인 그렇지! 그리고 난 이 일과 관련된 모든 고통을 즐기고 있어.

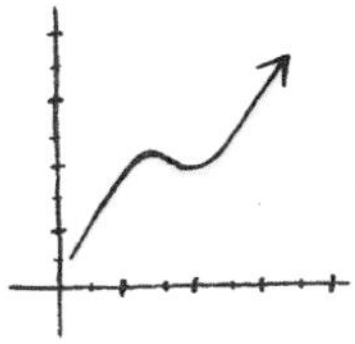

honest measure 진솔한 잣대 **invest** (시간 · 노력을) 들이다 **common sense** 상식 **commission** 수당 **sales** 판매 **exactly** 바로 그렇다 **come along with** ~에 수반하다

013 로마는 하루아침에 건설되지 않았다

Rome was not built in a day.

◎ Radical changes and important things do not happen overnight. Success is usually the result of a gradual process.

근본적인 변화나 중요한 일은 하룻밤 사이에 일어날 수 없습니다. 성공은 보통 점진적인 과정의 결과입니다.

Talk Sense Quotation

"I'm making mistakes," I said. "But Rome wasn't built in a day, and New York City can't be changed in five months."

"전 실수를 하고 있습니다. 그러나 로마는 하루아침에 이루어지지 않았으며, 뉴욕시도 다섯 달 만에 바뀔 수는 없습니다."라고 말했다.

– Edward I. Koch

Talk Sense Dialogue

David Why is it taking so long for South Korea and North Korea to unite?

Jane Well, it's difficult to unite the political and economic aspects of the two.

David But shouldn't they have united long ago?

Jane Rome was not built in a day. And the current North Korean regime doesn't seem to be interested in uniting at all.

David Then why is South Korea giving all this financial and political support for a broken regime?

Jane Because someday they will certainly unite. It's difficult for a grandson to carry out a family legacy.

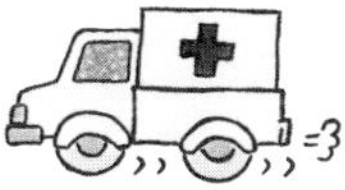

데이비드 남한과 북한이 통일하는 데 왜 이렇게 오래 걸리지?
제인 글쎄, 두 나라의 정치적이고 경제적인 면을 통합시키기 어렵지.
데이비드 근데 두 나라가 오래 전에 통일했어야 하는 것 아니야?
제인 로마는 하루아침에 건설된 게 아니지. 그리고 현재의 북한 정권은 통일하는 것에 전혀 관심이 없는 것 같아.
데이비드 그럼 왜 남한에서는 망가진 정권을 위해서 이 모든 경제적이고 정치적인 후원을 해주는 거지?
제인 왜냐하면 언젠가 두 나라가 확실히 통일할 거니까. 손자가 가문의 영광을 이어받기는 힘든 법이지.

unite 결합하다, 통일하다 **political** 정치적인 **economic** 경제의 **current** 현재의 **broken regime** 망가진 정권 **grandson** 손자 **family legacy** 가문의 영광

014

목마르기 전에 우물을 파라

Dig the well before you are thirsty.

◎ Be prepared before it is too late. People who climb Mt. Everest must carry enough oxygen with them, but some even forget that.

너무 늦기 전에 미리 준비를 해두세요. 에베레스트 산을 오르려면 산소를 충분히 가져가야 하지만 그것마저 잊는 사람이 있답니다.

Talk Sense Quotation

Dig your well before you're thirsty.

목마르기 전에 당신의 우물을 파라.

– *Financial Times*

Talk Sense Dialogue

David I'm in trouble!

Jane What happened?

David My credit card debt is over a million won.

Jane Oh, no! You should've dug the well before you were thirsty. Now what are you going to do?

David Ask my friends for help. Would you be interested?

Jane I can help you. But I want you to be responsible before a problem surfaces.

데이비드 나 큰일났어!

제인 무슨 일인데?

데이비드 내 신용카드 빚이 백만 원이 넘어.

제인 저런! 목마르기 전에 우물을 팠어야지. 이제 어떻게 할 생각이야?

데이비드 친구들한테 도움을 구해야지. 너도 도와줄 생각 있니?

제인 도와줄 순 있어. 근데 난 네가 문제가 생기기 전에 책임을 다하면 좋겠어.

dig 파다 **thirsty** 목마른 **be prepared** 준비하다 **debt** 빚 **be responsible** 책임을 지다 **surface** 떠오르다, 생기다

015 연습이 완벽을 만든다

Practice makes perfect.

◎ Doing something many times improves your skills at it. Better yet to aim for perfect practice.

무엇인가를 여러 번 하다 보면 그 솜씨가 좋아집니다. 그보다 더 좋은 것은 완벽한 연습을 추구하는 것입니다.

Talk Sense Quotation

Congressmen are living proof that practice doesn't make perfect.

국회의원들은 연습이 완벽을 만들지 못한다는 살아 있는 증거다.

– *US News & World Report*

Talk Sense Dialogue

David How's the yoga coming along?

Jane It's a lot more difficult than I had imagined. But it's fun.

David Are you any good?

Jane I'm still at the beginner level.

David Does practice make you better?

Jane Not always. I'm just not flexible enough to do certain moves no matter how much I practice.

데이비드 요가는 잘 배우고 있니?

제인 내가 생각했던 것보다 훨씬 더 힘들어. 근데 재미있어.

데이비드 너 잘하긴 하니?

제인 아직도 초보 단계야.

데이비드 연습하니까 더 나아져?

제인 항상 그런 것은 아니야. 아무리 연습을 하더라도 내 몸이 유연하지 못한 탓인지 어떤 동작들은 할 수가 없어.

congressman (미국) 국회(하원)의원 **flexible** 유연성이 있는 **enough to do** ~할 만큼 충분히 **no matter how much** 아무리 많이 ~하더라도

016 배우기에 너무 늦은 나이는 없다

You're never too old to learn.

◎ Even old people can continue to renew themselves by learning new things. A person can learn at any age.

나이 든 사람들도 새로운 것을 배움으로써 자기 개발을 계속할 수 있습니다. 사람은 나이를 불문하고 배울 수 있습니다.

Talk Sense Quotation

Learning is a lifelong process. It's never too late to learn what you need to succeed.

배우는 것은 평생의 과정이다. 성공하는 데 필요한 것을 배우기에 너무 늦은 시기란 없다.

– *the Wall Street Journal*

Talk Sense Dialogue

David My brain must be fried.

Jane Why do you say that?

David I can't solve math problems like I used to. Sometimes the kid I tutor seems to know more than I know.

Jane You're never too old to learn. Maybe you should be tutored.

David Ha-ha-ha. Very funny.

Jane In any case, you shouldn't blame your age. I have never seen you prepare for class.

데이비드 내 머리가 못 쓰게 됐나 봐.

제인 왜 그런 말을 하니?

데이비드 예전처럼 수학 문제를 풀 수가 없어. 때론 내가 가르치는 애가 나보다 많이 아는 것 같다니까.

제인 배우기에 너무 늦은 나이란 없지. 너도 과외를 받아야 할지 몰라.

데이비드 하하하. 유머감각이 대단하셔.

제인 그 어떤 경우라도 네 나이를 탓해선 안 되지.
난 네가 수업을 준비하는 걸 한 번도 못 봤어.

$y=nx^{\wedge}n-1$

$y=(\frac{1}{n}+1)x^{\wedge}n+1$

$acx^2+(ad+bc)x+bd$

$=(ax+b)(cx+d)$

renew 다시 새로워지다 **lifelong** 평생의 **process** 과정 **fried** 고장난 **like I used to** 내가 예전에 그랬듯이 **tutor** 개인교수로 가르치다 **blame** 탓하다

017

요구하면 주어질 것이요, 찾으면 발견할 것이며, 두드리면 열릴 것이다

Ask, and it shall be given you; seek, and you shall find; knock, and it shall be opened.

◎ Most successful people are inquisitive and aggressive. Be aggressive. Go after what you want.

성공한 사람들은 대부분 탐구심이 많고 과감합니다. 과감해지세요. 당신이 원하는 것을 찾아 나서세요.

Talk Sense Quotation

Ask, and it shall be given you; seek, and ye shall find; knock, and it shall be opened unto you.

구하라 그러면 너희에게 주실 것이요, 찾으라 그러면 찾을 것이요, 문을 두드리라 그러면 너희에게 열릴 것이니.

– Matthew 7:7

Talk Sense Dialogue

David How much should we ask, seek, and knock in life to be happy?

Jane That would depend on each person, but it seems that those who ask for what they can receive are the happiest.

David That sounds like a modest goal.

Jane Who wouldn't want a BMW? But just because you don't have it doesn't mean you're not happy.

David I see your point.

Jane Success doesn't always have to be a great achievement.

데이비드 얼마만큼 묻고, 찾고, 두드려야지 인생에서 행복해지는 것일까?

제인 그것은 사람마다 다르긴 하지만 자기가 받을 수 있는 만큼 요구하는 사람들이 가장 행복한 것 같던데.

데이비드 겸손한 목표처럼 들리는걸.

제인 누가 BMW를 갖고 싶지 않겠냐? 그렇지만 그게 없다고 행복하지 않은 건 아니잖아.

데이비드 뭔 말인지 알겠다.

제인 성공이 항상 대단한 성취일 필요는 없어.

inquisitive 탐구심이 많은 **aggressive** 과감한 **receive** 받다 **sound like** ~처럼 들리다 **see one's point** ~가 말하는 요점을 파악하다 **achievement** 업적, 성취

018

해가 빛날 때 건초를 만들어라

Make hay while the sun shines.

◎ Take advantage of any opportunity to do something before it passes. Passing an opportunity is always regretful.

무엇인가를 할 수 있는 기회가 오면 놓치기 전에 붙잡으세요. 기회를 지나치는 것은 언제나 후회스러운 일입니다.

Talk Sense Quotation

These Princeton students are people who make hay while the sun shines, and when the flurries begin to fly as well.

이들 프린스턴 대학교 학생들은 해가 빛날 동안이나 눈보라가 칠 때에도 건초를 만드는 사람들입니다.

– *Princeton Packet*

Talk Sense Dialogue

Jane I made a big mistake at work.

David What happened?

Jane I was unimpressive to an important client. It was an opportunity to strike a big deal.

David What did your boss say?

Jane She told me that I should've made hay while the sun shined.

David Don't worry too much. I'm sure you can make a comeback.

제인 나 직장에서 큰 실수를 했어.

데이비드 무슨 일인데?

제인 중요한 고객한테 별다른 인상을 못 줬어. 큰 거래를 성사시킬 수 있는 기회였는데.

데이비드 사장이 뭐래?

제인 나보고 해가 빛날 때 건초를 말렸어야 했다고 말씀하셨어.

데이비드 너무 걱정하지 마. 넌 실수를 만회할 수 있을 거야.

NO DEAL

pass 지나치다 **opportunity** 기회 **flurry** 눈보라 **unimpressive** 인상적이지 않은 **strike a deal** 거래를 성사시키다 **boss** 상관, 사장 **make a comeback** 만회하다, 복귀하다

019 위험을 무릅쓰지 않으면 아무것도 얻을 수 없다

Nothing ventured, nothing gained.

◎ You can't get anywhere unless you're willing to take a risk. The less something is known, the more there is to gain from it.

위험을 감수하려고 하지 않으면 어디에도 갈 수 없습니다. 덜 알려진 것일수록 그로부터 더 많은 것을 얻을 수 있습니다.

Talk Sense **Quotation**

NOTHING VENTURED

위험을 무릅쓰지 않았다

– Modern Maturity, Headline

Talk Sense **Dialogue**

Jane Why did many venture companies make a lot of money during the Bubble Economy?

David Because they invested in relatively unknown industries, namely the Internet.

Jane Then why did they collapse almost all at once?

David Their contents were easy to copy, so it was difficult for small companies to survive.

Jane How do you know so much?

David I once ventured into that business too late and gained nothing.

제인 왜 많은 벤처회사들이 거품경제 동안 돈을 많이 벌었지?

데이비드 왜냐하면 비교적 잘 알려져 있지 않은 산업, 즉 인터넷에 투자를 했기 때문이지.

제인 근데 왜 갑자기 한꺼번에 거의 다 망한 거지?

데이비드 그들의 콘텐츠가 베끼기 쉬워 작은 회사들은 살아남기 힘들었어.

제인 너는 어쩌면 그렇게 잘 아니?

데이비드 나도 한때 그 비즈니스에 너무 늦게 뛰어들었다가 아무것도 얻지 못했거든.

invest 투자하다 **relatively** 상대적으로, 비교적 **namely** 즉, 다시 말해서 **collapse** 무너지다, 망하다 **contents** (인터넷에서의) 콘텐츠 **survive** 살아남다

020

빼걱대는 바퀴가 기름칠을 받는다

The squeaking wheel gets the oil.

◎ Those who complain the loudest get the most attention. Sometimes complaining is needed to be treated properly.

가장 큰 소리로 불평하는 사람이 가장 많은 관심을 받습니다. 적절한 대우를 받기 위해서는 불평해야 할 때도 있습니다.

Talk Sense Quotation

All the government systems work the same; the squeaky wheel gets the oil.

모든 정부 부처는 똑같이 운영된다. 삐걱대는 바퀴가 기름칠을 받는 것이다.

– *Newsweek*

Talk Sense Dialogue

Jane One of our managers has an outstanding sales record. But he's such a difficult person.

David What's he like?

Jane When the work isn't done properly, he speaks straight into your face and doesn't spare harsh criticism.

David That must be tough. You said the other manager was really nice.

Jane Yeah. But people kind of slack around when he oversees their work.

David I guess the squeaking wheel gets the oil.

제인 우리 회사 부장들 가운데 한 사람이 대단한 판매기록을 가지고 있어. 그런데 사람이 너무 까다로워.
데이비드 어떻길래?
제인 일을 제대로 해놓지 않으면 직접 대놓고 말하고 심한 비판도 서슴치 않아.
데이비드 힘들겠군. 다른 부장은 매우 훌륭하다고 했잖아.
제인 그건 그래. 하지만 그 사람이 일을 감독하면 사람들이 좀 느슨해져.
데이비드 삐걱대는 바퀴가 기름칠을 받는가 보구나.

complain 불평하다 **difficult person** 상대하기 어려운 사람 **straight into one's face** 얼굴 앞에서 바로 **spare** 아끼다, 삼가다 **harsh** 심한, 거친 **criticism** 비판 **slack around** 게으름 피우다 **oversee** 감독하다, 관리하다

Talk Sense Review

001 **Ski instructor:** Hey, everybody, listen up. I'll show you how to stop yourselves when you go down a slope. It's important to balance your power and weight. Many of you will fall down, but don't feel ashamed. Remember, 언제나 첫걸음 떼는 게 가장 어렵지요, and it gets easier from then on.

002 **Artist:** I'm depressed. The sculpture I'm trying to make isn't coming out right. I keep messing up the eyeballs. Why do I keep making mistakes?
Friend: Don't worry too much. 실수를 하지 않고서는 아무것도 만들 수 없어.

003 **Man:** I'm falling in love with two women at the same time. I'm attracted to Ji-na for her looks and style. And I'm attracted to Mi-na for her brains and background. What should I do? I can't give up either one.
Friend : 끝낼 수 없는 것은 시작하지 마. Go with the person you are most attracted to.

004 **Eric:** I love Spam. It tastes so good when you put a thin slice of Spam on a spoon of rice. It's also good with eggs. I can't imagine living without Spam. But did you know that Spam was originally made for the American soldiers fighting in World War II? Spam was made since the soldiers couldn't eat meat on the battlefield. 필요가 발명의 어머니가 된 경우이지.

005 **Mob boss:** I heard that our boys got into a fight with the members of Double Dragon and ran away. Do you know how disgraceful that is? We can't hold up our chins anymore. Explain what happened.
Junior boss: We were in their territory and greatly outnumbered. If we had fought, there would've been heavy casualties. 우리는 싸우다 후일을 기약하고 도망쳤습니다.

스키 강사: 자, 모두들 들어 보세요. 슬로프를 내려갈 때 어떻게 멈추는지 시범을 보여 드리겠습니다. 힘과 체중의 균형을 잡는 것이 중요합니다. 많은 분들이 넘어지겠지만, 창피해하지는 마세요. The first step is always the hardest, 그리고 차츰 쉬워진다는 점을 명심하세요.

📖 **listen up** 귀를 기울이다 **go down** 내려가다 **fall down** 쓰러지다, 넘어지다 **feel ashamed** 부끄러움을 느끼다 **get easier** 쉬워지다 **from then on** 그 후로, 차츰

예술가: 나 우울해. 내가 만드는 조각이 제대로 안 만들어지고 있어. 계속 눈알을 망치고 있어. 왜 계속 실수를 하는 거지?
친구: 너무 걱정하지 마. If you don't make a mistake, you can't make anything.

📖 **come out right** 제대로 되다 **mess up** 엉망으로 만들다 **keep ~ing** 계속 ~하다

남자: 나 두 여자와 동시에 사랑에 빠져 있어. 지나에게는 외모와 스타일 때문에 끌리고 있어. 그리고 미나에게는 두뇌와 배경 때문에 끌려. 어떻게 하지? 어느 누구도 포기할 순 없어.
친구: Don't start anything you can't finish. 가장 끌리는 사람과 함께하도록 해.

📖 **fall in love with** ~을 사랑하게 되다 **at the same time** 동시에 **be attracted to** ~에게 끌리다, 매력을 느끼다 **give up** 포기하다

에릭: 난 스팸이 너무 좋아. 숟가락에 밥을 떠서 얇은 스팸 한 조각을 올리면 너무 맛있어. 계란과 먹어도 맛있고. 스팸 없이 사는 건 상상할 수도 없어. 그런데 너 스팸이 원래 제2차 세계대전 때 싸우던 미국 병사들을 위해서 만들어졌다는 사실을 알고 있니? 전쟁터에서 병사들이 고기를 먹지 못하기 때문에 스팸이 만들어진 거야. It's an example of necessity being the mother of invention.

📖 **taste** 맛이 나다 **originally** 원래

조폭 보스: 우리 애들이 쌍룡파 놈들하고 싸우다가 도망쳤다는 소식을 들었다. 그게 얼마나 수치스러운 일인지 알기나 해? 우린 이제 고개를 못 들고 다니게 생겼어. 무슨 일이 벌어졌는지 설명해 봐.
중간 보스: 우리는 그들의 영역에 있었고 수적으로 크게 열세였습니다. 우리가 싸웠다면 많은 사상자가 생겼을 겁니다. We fought and ran away to live and fight another day.

📖 **get into a fight with** ~와 싸우게 되다 **run away** 도망치다, 달아나다 **hold up one's chins** 턱을 치켜세우다 **be outnumbered** 수적으로 열세가 되다, 압도되다 **casualties** 사상자

---

006 **Skydiving instructor:** You people came here for the most exciting experience in your life. Go ahead and enjoy it. In case, however, things don't go as planned, never panic. Time flies by fast when you panic, but you will find enough time to respond if you remain calm. Remember today's lesson: 최고를 기대하고 최악에 대비하십시오.

007 **Teacher:** It's time to hand out your report cards. Some of you have improved your scores, some have not. But 성공은 결코 최종적인 것이 아니며 실패는 결코 치명적이 것이 아니란다. It's better to be an optimist than a pessimist. Come out and receive your report card in the order of your student number.

008 **Office worker:** You know I'm trying to get a new job.
Friend: Yeah.
Office worker: As reference, I put down my old boss's name. I never thought he liked me, but it was required. Anyway, my new boss called my old boss to check me out. Guess what happened?
Friend: I don't know.
Office worker: My old boss highly recommended me. So I now have a better paying job.
Friend: Wow! 4월의 소나기가 너한테 5월의 꽃을 가져다 줬네. Congratulations!

009 **Loan shark:** You have bad credit but you need the money. What are you going to do? There's no solution except to borrow money from me. I'll give you a good deal. Take my offer. 망설이는 자는 놓칩니다. If you don't borrow money from me, you'll have to take a bigger loss. What are you going to do?

스카이다이빙 강사: 여러분은 인생에서 가장 신나는 경험을 하기 위해 이곳에 오셨습니다. 어서 즐기십시오. 그러나 만약 예상한 대로 일이 진행되지 않더라도 절대 당황하지 마세요. 당황하면 시간이 빨리 지나가지만, 평정심을 유지하면 대응하기 위한 시간이 충분할 것입니다. 오늘의 교훈을 명심하세요. Hope for the best and prepare for the worst.

📖 **go ahead** 계속하다 **in case** 만약의 경우 **as planned** 계획대로 **fly by** 지나가다

교사: 너희들의 성적표를 나눠 줄 시간이 왔다. 어떤 학생들은 성적이 향상되었을 것이고 어떤 학생들은 그러지 못했을 것이다. 하지만 success is never final and failure is never fatal. 낙관론자가 되는 게 비관론자가 되는 것보다 낫다. 번호 순서대로 나와서 성적표를 받도록 해라.

📖 **hand out** 나누어 주다 **report card** 성적표 **optimist** 낙관론자 **pessimist** 비관론자 **in the order of** ~의 순서에 따라

사무직 근로자: 내가 새로운 일자리를 얻으려고 한다는 것 알고 있잖아.

친구: 응.

사무직 근로자: 신원 조회인으로 내 예전 상관의 이름을 적었어. 날 좋아한다고 생각한 적이 없었지만, 필수 사항이었어. 아무튼 내 새로운 상관이 나에 대해서 확인하려고 예전 상관한테 전화를 걸었어. 그런데 무슨 일이 벌어졌는지 알아?

친구: 모르겠는데.

사무직 근로자: 예전 상관이 나를 강력히 추천해 줬어. 그래서 이제 난 보수가 더 좋은 일자리를 얻었어.

친구: 와! April showers brought you May flowers. 축하한다!

📖 **reference** 신원 조회인 **put down** 적다, 기입하다 **check out** 확인하다 **recommend** 추천하다 **better paying** 보수가 더 좋은 **Congratulations!** 축하한다!

사채업자: 당신은 신용이 나쁘지만 돈을 필요로 합니다. 어쩌겠습니까? 나한테 돈을 빌리는 것 외에는 해결책이 없습니다. 내가 좋은 거래 조건을 제시하겠습니다. 내 제안을 받아들이세요. He who hesitates is lost. 나한테 돈을 빌리지 않으면 더 큰 손실을 볼 것입니다. 어떻게 하겠습니까?

📖 **loan shark** 사채업자 **credit** 신용 **good deal** 좋은 거래 **solution** 해결책 **except** ~을 제외하고

Talk Sense Review

010 **Father:** Let's go, my son. I will teach you how to ride a bicycle.
Boy: Dad, I don't want to learn how to ride a bicycle. I want to learn how to drive.
Father: Son, 모든 것에는 항상 처음이 있어. You should first learn how to ride a bicycle, and then learn different things. Riding a bicycle is much easier than driving a car.
Boy: OK, dad. After you teach me how to ride a bicycle, teach me how to drive a car.

---

011 **Investment analyst on TV:** The market is on an uprise after the optimistic announcement by the Federal Reserve Chairman, Ben Bernanke. The prices for the technology stocks are expected to rise significantly. So, 쇠가 뜨거울 때 두들기십시오. Don't wait until the stocks get too pricey.
Viewer at home: Hot things eventually cool.

---

012 **Football coach:** Last season we were the worst team in our league. This season we have nothing to lose except our pride. Are you ready to rumble? The training routine for this season can be summed up like this: 고통 없이 얻어지는 것은 없다. Get ready for the training of your life.

---

013 **Mayor:** Dear fellow citizens, our city was wiped away by the floods this summer. We are lucky to have our electricity and water back. But it will certainly take some time, maybe a long time, before we can go back to what we were. 로마는 하루아침에 건설되지 않았습니다, and our city will not be built in a day. But the city officials and construction workers are doing their best. We promise to bring back your life.

아버지: 가자, 얘야. 자전거를 어떻게 타는지 가르쳐 주마.
소년: 아빠, 전 자전거 타는 거 배우고 싶지 않아요. 운전하는 걸 배우고 싶어요.
아버지: 얘야, there's always a first time for everything. 우선은 자전거 타는 법부터 배운 다음 다른 것을 배워야지. 자전거를 타는 게 자동차를 운전하는 것보다 훨씬 쉽단다.
소년: 알았어요, 아빠. 제게 자전거 타는 것을 가르쳐 주신 다음에 자동차 운전하는 법을 가르쳐 주세요.

📖 **how to** ~하는 법

TV에 나온 투자 분석가: 연방준비제도이사회 의장 벤 버냉키의 낙관적인 발표가 있은 후 시장이 상승 국면에 있습니다. 기술 분야 주식의 가격이 상당히 증가할 것으로 기대됩니다. 그러므로 strike while the iron is hot. 주식이 너무 비싸질 때까지 기다리지는 마세요.
집에 있는 시청자: 뜨거운 것은 결국 식게 마련이지.

📖 **investment** 투자 **analyst** 분석가 **uprise** 상승 **optimistic** 낙관적인 **announcement** 발표 **Federal Reserve** 미국 연방준비제도이사회(Board of Governors of the Federal Reserve System) **stock** 주식 **significantly** 상당히, 두드러지게 **pricey** 값비싼 **eventually** 결국 **cool** 차가워지다, 식다

축구 코치: 지난 시즌에 우리는 리그에서 꼴찌였다. 이번 시즌에 우리는 자존심 말고는 잃을 게 하나도 없다. 너희들 싸울 준비가 되었느냐? 이번 시즌의 훈련 방법은 이렇게 요약해서 말할 수 있다. No pain, no gain. 너희들 인생에서 가장 힘든 훈련을 할 준비를 해라.

📖 **rumble** 싸우다 **training routine** 훈련 방법 **be summed up** 요약되다 **get ready** 준비하다

시장: 친애하는 시민 여러분, 우리 도시는 이번 여름에 홍수로 인해 폐허가 되었습니다. 다행히도 전기와 급수 시설은 복구되었습니다. 하지만 우리가 이전 상태로 되돌아가는 데에는 아마도 오랜 시간이 걸릴 것입니다. Rome was not built in a day, 그리고 우리 도시도 하루에 건설되지는 않을 것입니다. 그러나 시의 공무원들과 건설 근로자들이 최선을 다하고 있습니다. 우리는 여러분의 생활을 회복시켜 드릴 것임을 약속합니다.

📖 **wipe away** 쓸어가다 **it takes time before** ~하는 데 시간이 걸리다 **go back to** ~로 되돌아가다 **do one's best** 최선을 다하다 **bring back** ~을 원상회복시키다

Talk Sense Review

014 **Citizen:** Did you hear the mayor's speech about the reconstruction process?
Neighbor: Yes, I did. He sounded promising.
Citizen: I give him credit for giving a good speech, but this is a chronic problem. 시장은 목마르기 전에 우물 파는 법을 배워야 해요.

015 **Academy teacher:** There is not much time left for the SAT. Those of you who are weak in certain subjects should solve problems in those subjects over and over. 연습이 완벽을 만드는 것이다. It is your responsibility to practice until you get it right.

016 **Man:** I'm thinking about going to America to get an M.B.A.
Friend: But you already have a successful career here. Quitting your job to get an M.B.A. is a risky choice.
Man: Luckily, my employer is paying for it. I'm not losing anything. But I'm worried that I might be too old to learn.
Friend: That's great news! 배우기에 너무 늦은 나이는 없어. Don't worry.

017 **Dating coach:** Most men know what they want but they don't know how to get what they want. My first advice is to ask yourselves what you truly want out of a relationship. My second advice is to actively seek that person you are looking for. My last advice is that when you think you've found the right person, give all your heart to that person. The Bible says: 구하라 그러면 너희에게 주실 것이요, 찾으라 그러면 찾을 것이요, 문을 두드리라 그러면 너희에게 열릴 것이니.

시민: 재건 과정에 대한 시장의 연설을 들어 보셨나요?
이웃 사람: 네, 들었어요. 희망적으로 들리던데요.
시민: 좋은 연설을 한 것은 인정하지만, 이것은 고질적인 문제잖아요. The mayor should learn how to dig the well before he is thirsty.

📖 **reconstruction** 재건 **promising** 희망적인, 가망성 있는 **give someone credit for** ~한 것을 ~의 공로로 치다 **chronic** 만성적인, 고질적인

학원 강사: 수능이 얼마 남지 않았다. 특정한 과목에 약한 사람들은 그 과목들의 문제를 계속해 풀고 또 풀어 봐야 한다. Practice makes perfect. 제대로 될 때까지 연습하는 것은 너희들 책임이다.

📖 **SAT** 수학 능력 적성 시험(Scholastic Aptitude Test) **subject** 과목 **solve** 풀다, 해결하다 **over and over** 반복하여 **responsibility** 책임 **get it right** 올바로 하다

남자: 나 미국 가서 MBA를 딸까 생각하고 있어.
친구: 하지만 넌 이미 여기서 잘나가잖아. 직장을 그만두고 MBA를 따러 가는 건 위험한 선택이야.
남자: 다행히 내 고용주가 비용을 부담할 거야. 난 아무것도 잃을 게 없지. 하지만 배우기에 너무 나이가 많은 것은 아닌지 걱정스러워.
친구: 그거 좋은 소식인걸! You're never too old to learn. 걱정하지 마.

📖 **M.B.A.** 경영학 석사(Master of Business Administration) **have a successful career** 출세하다 **quit** 그만두다 **risky** 위험한 **employer** 고용자, 고용주

데이트 코치: 대부분의 남자들은 자기들이 원하는 것은 알지만 어떻게 얻을 수 있는지에 대해서는 잘 모릅니다. 저의 첫번째 조언은 관계를 통해서 무엇을 진정으로 얻고 싶은지 스스로에게 물어 보라는 것입니다. 저의 두 번째 조언은 여러분이 원하는 사람을 적극적으로 찾아 나서라는 것입니다. 제 마지막 조언은 알맞은 사람을 찾았다 싶으면 그 사람에게 당신의 마음을 다 바치라는 것입니다. 성경에도 이런 말씀이 있습니다. Ask, and it shall be given you; seek, and you shall find; knock, and it shall be opened.

📖 **advice** 조언, 충고 **out of** ~로부터 **relationship** 관계 **actively** 적극적으로 **look for** ~을 찾다 **give one's heart** 마음을 주다, 사랑하다

Talk Sense Review

018 **Teacher:** I know that most of you don't like studying. You study because you have to, not because you like to. But let me tell you this. You can only study while you're a student. Once you're out of school, it's difficult to learn new things. It's difficult to be inspired and learn with your friends. So, 해가 빛날 때 건초를 만들어라. You will regret missing this opportunity later on if you don't take it right now. The foremost responsibility of a student is to study.

---

019 **Kid:** Let's play in the woods today.
Friend: My mom said I shouldn't play in the woods. That place could be dangerous.
Kid: Oh, come on. 위험을 무릅쓰지 않으면 아무것도 얻을 수 없어. Maybe we'll see some interesting animals or bugs.
Friend: I'm scared of animals and bugs. I'm not going. You go on your own.
Kid: Fine. I'm going by myself.

---

020 **Student:** Why do you think Eugene gets good grades on his reports? He always asks stupid questions.
Friend: Maybe our teacher likes students who ask questions. 삐걱대는 바퀴가 기름칠을 받는다는 말이 있잖아.
Student: What does that mean?
Friend: It means that something noticeable gets the attention. Maybe Eugene's report gets the attention since he always talks with the teacher before he submits his report.
Student: That makes sense. Maybe I should ask a few questions too.

교사: 너희들 대부분이 공부를 싫어한다는 것을 안다. 너희들은 해야 하기 때문에 공부를 하는 것이지 좋아해서 하는 게 아니다. 하지만 이 말은 하고 싶다. 너희는 학생일 때만 공부를 할 수 있다. 학교에서 한번 나가게 되면 새로운 것을 배우기가 어렵다. 영감을 얻기도, 친구들과 함께 배우기도 힘들다. 그러니까 make hay while the sun shines. 이런 기회를 지금 잡지 않으면 나중에 후회할 것이다. 학생의 가장 큰 책임은 공부하는 것이다.

📖 **once** 일단 ~하면 **be inspired** 영감을 얻다 **regret ~ing** ~한 것을 후회하다 **opportunity** 기회 **right now** 바로 지금 **foremost** 으뜸가는

어린이: 오늘은 숲에서 놀자.
친구: 우리 엄마가 숲에서 놀지 말랬어. 거기는 위험할 수도 있거든.
어린이: 야, 제발 가자. Nothing ventured, nothing gained. 어쩌면 흥미로운 동물이나 벌레를 볼 거야.
친구: 난 동물하고 벌레가 무서워. 난 안 가. 너 혼자 가.
어린이: 알았어. 나 혼자 간다.

📖 **should not** ~해서는 안 된다 **dangerous** 위험한 **interesting** 흥미로운 **be scared of** ~을 무서워하다 **on one's own** 혼자, 스스로 **by oneself** 혼자, 혼자 힘으로

학생: 유진은 왜 리포트 점수가 좋을까? 걔는 항상 멍청한 질문을 하는데.
친구: 어쩌면 우리 선생님이 질문하는 학생들을 좋아하는가 보지. There's a saying that the squeaking wheel gets the oil.
학생: 그게 무슨 뜻인데?
친구: 그것은 눈에 띄는 게 주의를 끈다는 뜻이지. 유진이가 리포트를 제출하기 전에 항상 선생님하고 얘기를 해서 유진이의 리포트가 주의를 끄는지도 몰라.
학생: 그거 말이 되네. 나도 질문을 몇 개 해야겠구나.

📖 **noticeable** 눈에 띄는 **attention** 주목, 주의 **submit** 제출하다 **a few** 몇 가지의

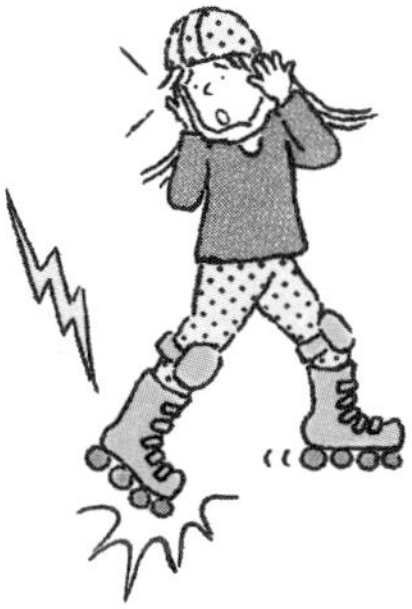

사람들의 생각과 행동이 같다면 세상살이가 좀 편하지 않을까요? 웃음을 머금고 있는 사람에게 다가가 같이 웃어 주고, 무서운 표정을 짓고 있는 사람은 피해 다니고, 슬퍼 보이는 사람은 위로해 주고…. 어쩌면 사람들의 생각과 행동이 같지 않아서 철학이 생겼는지도 모릅니다.

필자는 미국에서 3년 정도 웨이터를 했는데 **When the cat's away, the mice will play**(고양이가 없으면 쥐들이 설친다)라는 말이 들어맞는 상황을 자주 봤습니다. 그리고 비록 다양한 인종이 모여 사는 미국이라 할지라도 **Birds of a feather flock together**(깃털이 같은 새들끼리 무리를 짓는다)라는 말에 동감합니다.

이 외에도 이번 장에서는 사람들의 다양한 생각과 행동을 묘사한 표현들을 많이 배울 수 있으며, 이 장을 읽고 나면 여러분은 분명 이런 영어 표현들이 입에서 톡톡 튀어나오는 감각을 발휘할 수 있을 것입니다.

2

생각과 행동
Thoughts & Actions

021

고통 받는 자는 동반자를 원한다(동병상련)

Misery loves company.

◎ Unhappy people find comfort in sharing their misery with others who have suffered similar setbacks. Many people form groups to grieve together.

불행한 사람들은 자신과 비슷한 좌절을 겪은 사람들과 고통을 나누는 것에서 위로를 받습니다. 많은 사람들은 슬픔을 나누기 위해서 모임을 만들기도 합니다.

Talk Sense Quotation

It's reassuring to know that others suffer from the same feeling of anger, jealousy, hostility, insecurity, and guilt that plague them. Misery does love company.

다른 사람들도 분노, 질투심, 적개심, 불안감, 죄책감 등 똑같은 감정으로 괴로워한다는 사실이 위안이 됩니다. 동병상련이라는 말이 틀리지 않습니다.

– *The Best of Dear Abby*

Talk Sense Dialogue

Max My uncle has stomach cancer.

Sally I'm so sorry to hear that. Is he okay?

Max Apparently, he is. The doctors caught it in the first stage.

Sally That's good news. But he must be under a lot of stress.

Max He finds comfort from the numerous Internet sites where cancer patients exchange stories.

Sally I heard that misery loves company. I hope he gets well.

맥스 우리 고모부가 위암이야.

샐리 너무 안타까운 소식이구나. 고모부 괜찮으셔?

맥스 외관상으로는 그래. 의사들이 초기 단계에서 암을 발견했어.

샐리 그거 좋은 소식이네. 하지만 스트레스를 많이 받고 계실 거야.

맥스 암 환자들이 얘기를 주고받는 여러 인터넷 사이트에서 위안을 얻고 계셔.

샐리 동병상련이라는 말을 들었어. 너희 고모부께서 나아지셨으면 좋겠다.

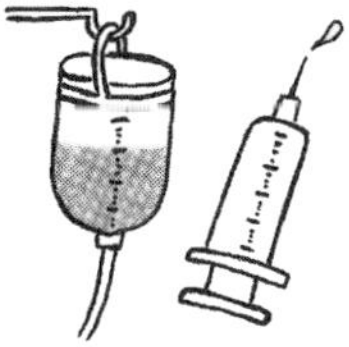

find comfort 위안을 받다 **misery** 고통 **suffer** (고통 · 슬픔을) 경험하다, 당하다 **setback** 좌절, 패배 **grieve** 몹시 슬퍼하다 **reassuring** 위안을 주는 **plague** 괴롭히다 **apparently** 언뜻 보기에 **be under a lot of stress** 스트레스를 많이 받다 **numerous** 여러 개의 **exchange stories** 이야기를 주고받다

022 고양이가 없으면 쥐들이 설친다

When the cat's away, the mice will play.

◎ When someone in charge is away, subordinates will take advantage of it. Some people will misbehave when they are not being watched.

책임자가 떠나 있으면 부하들이 그 기회를 이용할 것입니다. 어떤 사람들은 감독을 받지 않을 때에는 그릇된 행동을 하기도 합니다.

Talk Sense Quotation

It is well established in custom and precedent that when the cat's away, the mice will play.

고양이가 없으면 쥐들이 설친다는 사실은 관습적으로나 관례적으로 잘 알려져 있다.

– *Time*

Talk Sense Dialogue

Sally When my boss goes on vacation, we all have to go on vacation.

Max That's an odd policy.

Sally Tell me about it. My boss believes that when the cat's away the mice will play.

Max Ha-ha-ha. That's partially true, but your boss doesn't seem to trust you guys.

Sally It's his company, so he's free to rule.

Max Look on the bright side. My last vacation was two years ago.

샐리 우리 사장님이 휴가를 떠나면 우리도 모두 휴가를 떠나야 해.

맥스 그거 이상한 방침이네.

샐리 내 말이 그 말이야. 우리 사장님은 고양이가 없으면 쥐들이 설친다고 믿는 사람이야.

맥스 하하하. 그거야 부분적으로 맞는 말이지만, 너희 사장님이 직원을 믿지 않는 것 같네.

샐리 사장님 회사니까 사장님 마음대로 하는 것이지.

맥스 긍정적인 면을 봐. 내 마지막 휴가는 2년 전이었어.

in charge 책임지는 **subordinate** 부하 **misbehave** 못된 짓을 하다 **watch** 감시하다 **well established** 잘 확립된 **custom** 관습 **precedent** 관례 **odd policy** 이상한 방침 **partially** 부분적으로 **free to rule** 마음대로 지배하는

023 도둑을 잡으려면 도둑이 필요하다

It takes a thief to catch a thief.

◎ The most qualified person to catch a thief is another thief because they think the same way. Similar people think and act similarly.

도둑을 잡기에 가장 적합한 사람이 또 다른 도둑인 이유는 그들이 똑같이 생각하기 때문입니다. 비슷한 사람들은 비슷하게 생각하고 행동합니다.

Talk Sense Quotation

There's an old expression: "It takes a rogue to catch a rogue."

'깡패를 잡으려면 깡패가 필요하다.' 는 속담이 있다.

– *Bangor Herald*

Talk Sense Dialogue

Max Did you know that most Internet security companies are founded by hackers?

Sally I've heard. You know, it takes a thief to catch a thief.

Max Yeah! Actually, hackers are better than programmers when it comes to catching hackers.

Sally Why do you think it's like that?

Max Because programmers are experts at building and hackers are experts at destroying.

Sally That's an interesting point.

맥스 대부분의 인터넷 보안업체들을 해커들이 세웠다는 거 알고 있었니?
샐리 들은 적이 있어. 도둑을 잡으려면 도둑이 필요하대잖아.
맥스 그래! 해커를 잡는 것이라면 실제로 해커들이 프로그래머보다 낫지.
샐리 왜 그렇다고 생각해?
맥스 프로그래머들은 만드는 데 전문가이고 해커들은 부수는 데 전문가이기 때문이지.
샐리 그거 흥미로운 관점이네.

qualified 자격이 있는 **rogue** 악당, 건달 **be founded by** ~에 의해 세워지다
when it comes to ~에 대한 것이라면

024 눈은 뜨고 입은 다물어라

Keep your eyes open and your mouth shut.

◎ If you want to learn from others, pay close attention to what's going on around them and don't speak idly. Be a careful observer, not a loud speaker.

다른 사람들로부터 배우고 싶으면 그들 주변에서 무슨 일이 일어나는지를 유심히 관찰하고 헛된 말을 하지 마십시오. 큰 소리로 말하는 사람이 아니라 유심히 살피는 사람이 되세요.

Talk Sense Quotation

This is a real chance for you to learn about the company and see how it does business. Remember, keep your eyes open and your mouth shut!

이것은 그 회사에 대해 배우고 그 회사가 어떻게 사업을 하는지 볼 수 있는 절호의 기회다. 눈은 뜨고 입은 다물어야 한다는 사실을 명심해라.

– *The Ropes to Skip*

Talk Sense Dialogue

Max This new employee really pisses me off.

Sally How come?

Max She's new to the job, but she acts as if she knows everything.

Sally She talks a lot?

Max Way too much. Sometimes I feel like telling her to **keep her eyes open and her mouth shut.**

Sally Then say it.

맥스 새로 온 직원이 날 진짜 짜증 나게 만들어.

샐리 어째서?

맥스 일을 처음 하면서도 다 아는 것처럼 행동해.

샐리 말을 많이 해?

맥스 너무 많이 하지. 가끔은 눈은 뜨고 입은 다물라는 말을 하고 싶다니까.

샐리 그럼 말해.

pay close attention to ~에 세심한 주의를 기울이다 **idly** 무익하게 **observer** 관찰자 **piss someone off** ~을 짜증 나게 하다

025 마음은 강한데 몸이 약하다

The spirit is willing, but the flesh is weak.

◎ Even though one's spirit might be willing to resist temptation, one's body may be unable to resist. A person's body is not always as strong as his or her mind.

마음으로는 유혹을 뿌리치고 싶어도 몸이 저항하지 못할 수도 있습니다. 사람의 몸이 항상 정신만큼 강한 것은 아니랍니다.

Talk Sense Quotation

The spirit is willing, but the spinal column is still weak.

마음은 강하지만 척추는 여전히 약하다.

– the New York Times

Talk Sense Dialogue

Sally So, did you give a warning to the new employee?

Max I wanted to but I couldn't.

Sally Why not?

Max She has really pretty eyes.

Sally Are you kidding? Would you say that if she was a man?

Max I can't help it. **My spirit is willing, but my flesh is weak.**

샐리 그래서 그 신입사원한테 경고를 해줬니?

맥스 하고는 싶었는데 못했어.

샐리 왜 못했어?

맥스 그녀는 정말 예쁜 눈을 가졌거든.

샐리 장난하냐? 그녀가 남자였다면 그런 소리 했겠어?

맥스 어쩔 수가 없어. 마음은 강하게 먹었지만, 내 몸이 따라 주지를 않아.

spirit 영혼, 마음 **flesh** 육체, 몸 **resist** 저항하다 **temptation** 유혹 **spinal column** 척추 **give a warning** 경고하다

026

살아 있는 개가 죽은 사자보다 낫다

A living dog is better than a dead lion.

◎ Don't risk what you can't afford to lose. It's better to avoid risk than to risk losing something dear to you.

잃으면 안 되는 것을 위험에 맡기지 마세요. 소중한 것을 잃어버릴 위험을 무릅쓰기보다는 위험을 피하는 것이 좋습니다.

Talk Sense Quotation

A living dog is better than a dead lion, and he who fights and runs away may live to fight another day.

살아 있는 개가 죽은 사자보다 낫고, 싸우다 도망간 자는 살아서 다음에 다시 싸울 수 있다.

– God Knows

Talk Sense Dialogue

Max Do you think I should invest my money in the stock market?

Sally Don't you think a living dog is better than a dead lion?

Max Of course I do. But I want to have more money.

Sally You have no control over the stock market. You could lose your money all at once.

Max Then what should I do with the money I saved?

Sally Keep saving. One day you will be satisfied.

맥스 내 돈을 증권시장에 투자할까?

샐리 살아 있는 개가 죽은 사자보다 낫다고 생각하지 않니?

맥스 물론 그래. 하지만 난 돈을 더 많이 갖고 싶어.

샐리 증권시장은 네가 어떻게 할 수 없잖아. 네 돈을 한꺼번에 다 잃을 수도 있어.

맥스 그럼 내가 저축한 돈을 가지고 무엇을 해야 할까?

샐리 계속 저축해. 언젠가는 만족할 날이 올 거야.

risk 위험을 무릅쓰다 **dear** 소중한 **invest** 투자하다 **stock market** 증권시장 **have no control** 어떻게 할 수 없다 **all at once** 한꺼번에 **be satisfied** 만족하다

027 마지막에 웃는 자가 가장 통쾌하게 웃는다

He who laughs last laughs best.

◎ Minor setbacks don't matter. The person who succeeds in making the last move wins the game.

사소한 좌절은 중요하지 않습니다. 마지막 순간에 성공하는 사람이 게임에서 이기는 사람입니다.

Talk Sense Quotation

Although the empire he built is in ruins and his revolution discredited, Vladimir Ilyich may have the last laugh.

비록 레닌이 세운 제국이 쓰러지고 그의 혁명에 대한 평판이 나쁘지만, 그가 마지막에 웃는 자가 될 수도 있다.

– *the New York Times*

Talk Sense Dialogue

Sally There's a guy I'm interested in. But two other girls seem interested too.

Max It sounds like he's a player.

Sally No, no. He's a wonderful guy. His birthday is coming up. What should I get him?

Max I'm not him, so I can't answer that. But remember, she who laughs last, laughs best.

Sally I'm going to buy him presents, call him every day, and compliment him for whatever he does.

Max Umm.... Whoever becomes his girlfriend will say that you're a stalker.

샐리 내가 관심을 갖는 남자가 있어. 근데 다른 두 명의 여자애들도 관심이 있는 거 같아.
맥스 그 남자 바람둥이처럼 들리는걸.
샐리 아니야, 아니야. 그는 훌륭한 남자야. 조금 있으면 그의 생일이야. 뭘 사 주는 것이 좋을까?
맥스 난 그가 아니니까 대답할 수 없어. 하지만 마지막에 웃는 여자가 가장 통쾌하게 웃는다는 사실을 기억해.
샐리 난 그에게 선물을 사 주고, 매일 전화하고, 그가 무엇을 하든 칭찬할 거야.
맥스 음…. 누가 그의 여자 친구가 되든 너 보고 스토커라고 하겠다.

matter 중요하다 **empire** 제국 **in ruins** 몰락하여 **revolution** 혁명 **discredit** 평판을 나쁘게 하다 **Vladimir Ilyich** 블라디미르 일리치 레닌(1870~1924) **be interested in** ~에 관심이 있다 **player** 바람둥이 **come up** 다가오다 **compliment** 칭찬하다 **whoever** ~하는 사람은 누구나, 누가 ~하든

028 요리사가 너무 많으면 육수를 망친다

Too many cooks spoil the broth.

◎ If too many people work on the same job, it won't be done properly. There's a good number to execute most jobs.

너무 많은 사람들이 같은 일을 하면 일이 제대로 되지 않습니다. 대부분의 일을 하는 데에는 알맞은 숫자가 있습니다.

Talk Sense Quotation

Too may cooks can spoil the fund.

요리사가 너무 많은 펀드는 망가진다.

– the New York Times

Talk Sense Dialogue

Max Our project is not going well.

Sally What's the problem?

Max I think too many people are involved in it. The last project had the right number of people.

Sally Too many cooks spoil the broth.

Max You can say that again.

Sally Efficiency begins with having the right numbers.

맥스 우리 프로젝트가 제대로 진행되지 않고 있어.

샐리 문제가 뭔데?

맥스 너무 많은 사람들이 관여하고 있어. 지난번 프로젝트에는 인원수가 적당했는데.

샐리 요리사가 너무 많으면 육수를 망치게 되지.

맥스 그 말 한번 잘했다.

샐리 효율이라는 것은 적절한 수를 가지는 것에서부터 시작돼.

spoil 망치다 **broth** 묽은 수프 **won't** = will not **execute** 실행하다 **be involved in** ~에 관여하다 **last** 지난번의 **the right number** 적절한 수

029 오른손이 하는 일을 왼손이 절대로 모르게 해라

Never let your left hand know what your right hand is doing.

◎ Tell no one if something has to be a secret. Too often we say, "Don't say I said this," and tell secrets of others.

비밀로 해야 할 것은 아무에게도 말하지 마세요. 우리는 "내가 이 말을 했다고 말하지 마."라고 말하면서 남들의 비밀을 말하는 경우가 너무 많습니다.

Talk Sense Quotation

When he gave to charity, his left hand never knew what his right hand was doing.

그는 자선단체에 기부할 때 오른손이 하는 일을 왼손이 절대 모르게 했다.

– Joseph Heller, Catch-22

Talk Sense Dialogue

Sally Why do you think people donate their money anonymously?

Max I don't know. I never donated anything.

Sally Maybe those who donate anonymously don't want others to know they have extra money.

Max Or maybe they just don't want their left hand to know what their right hand is doing.

Sally That's what I just said. Hmm.... What would you say if I donated a million won to charity?

Max Umm...I'd ask you to buy me dinner.

샐리 사람들은 왜 자기 돈을 익명으로 기부하는 것일까?

맥스 모르겠는데. 나는 기부한 적이 한 번도 없어.

샐리 어쩌면 기부하는 사람들이 자기에게 여분의 돈이 있다는 걸 남들이 알기를 원치 않기 때문일 수도 있어.

맥스 또는 오른손이 하는 걸 왼손이 알기를 원치 않기 때문일 수도 있지.

샐리 방금 내가 한 말이 그 말이야. 흠…. 너 내가 100만 원을 기부한다면 뭐라고 하겠냐?

맥스 음…밥 사 달라고 하겠지.

charity 자선단체 **donate** 기부하다 **anonymously** 익명으로 **extra money** 여분의 돈

030 사람은 그 친구로 알 수 있다

A man is known by the company he keeps.

◎ People often believe that a person is like his or her friends. Your reputation can be either harmed or enhanced by association.

사람은 자기 친구와 비슷하다는 말이 있습니다. 당신의 명성은 당신이 어울리는 사람들에 의해 향상되거나 손해를 볼 수 있습니다.

Talk Sense Quotation

You can tell a lobbyist in Washington by the company that keeps him.

워싱턴의 로비스트는 그를 고용하는 회사로 알 수 있다.

– *the New York Times*

Talk Sense Dialogue

Max A colleague of mine recently quit his job, but I always knew he'd quit.

Sally How did you know? Did you want him to quit?

Max No, I didn't want him to quit. We were on good terms. I knew he'd quit because he always hung around underground rockers.

Sally I don't understand.

Max *A man is known by the company he keeps.* Since all his friends were rockers, I knew he desired to become a rocker as well.

Sally I see. You always hang out with me. Do you want to be like me?

맥스 내 동료가 최근에 일자리를 그만뒀는데 난 그가 그만둘 줄 알고 있었어.

샐리 어떻게 알았어? 넌 그가 그만두기를 원했어?

맥스 아니야, 그가 관두기를 원치는 않았어. 우리 사이는 좋았거든. 그가 항상 무명 록음악가들하고 어울려서 그만둘 줄 알았던 거지.

샐리 이해가 안 되는데.

맥스 사람은 그 친구로 알 수 있거든. 그의 친구들이 다 록음악을 하니까 그도 록음악가가 되기를 갈망한다는 걸 알았지.

샐리 그렇구나. 너 항상 나랑 어울리잖아. 나처럼 되고 싶니?

reputation 명성 **enhance** 향상시키다 **association** 교제 **colleague** 동료 **on good terms** 사이가 좋은 **desire** 갈망하다 **hang out with** ~와 어울리다

031 로마에 있을 때는 로마인처럼 행동해라

When in Rome, do as the Romans do.

◎ When you visit a new place, follow the customs of the local people. Don't set your own rules when you are someone's guest.

새로운 곳을 가면 그 지역 사람들의 관습을 따르세요. 다른 사람의 손님일 때는 자신만의 규칙을 만들지 마세요.

Talk Sense Quotation

To raise money in America, do as the Americans do.

미국에서 돈을 벌려면 미국인들처럼 행동해라.

– the New York Times

Talk Sense Dialogue

Sally I heard you went to America. How was your trip?

Max It was great, but mysterious.

Sally Tell me about the mysterious part.

Max I didn't understand why I had to pay tax for every transaction. Also, I had to tip 15% of the restaurant bill.

Sally I heard about that story too. How weird? But as the saying goes, when in Rome, do as the Romans do.

Max Yeah! As soon as I landed in America, I had to act like an American.

샐리 미국에 갔었다는 말 들었어. 여행 어땠어?

맥스 아주 좋았는데 이상하기도 했어.

샐리 이상한 부분에 대해서 말해 봐.

맥스 모든 상거래를 할 때 내가 왜 세금을 내야 하는지 이해하지 못했어. 그리고 레스토랑 계산서의 15%를 팁으로 주어야 했어.

샐리 나도 그 얘기 들었어. 이상하지 않니? 근데 이런 말이 있잖아. 로마에 있을 땐 루마인처럼 행동해야 한다고.

맥스 맞아! 내가 미국에 도착하자마자 미국인처럼 행동해야 했어.

mysterious 이상한, 알 수 없는 **transaction** 상거래 **tip** 팁을 주다 **bill** 청구서, 계산서

032

무엇을 아느냐가 중요한 것이 아니라
누구를 아느냐가 중요한 것이다

It is not what you know, but who you know.

◎ It is better to have good contacts than to have knowledge. The more people you know, the more power you have.

지식을 가지는 것보다 중요한 사람들을 아는 것이 더 좋습니다. 사람들을 많이 알수록 더 많은 힘을 가질 수 있습니다.

Talk Sense Quotation

I'm afraid it's not what you know, but it's who you know and I don't know anybody.

무엇을 아느냐가 아니라 누구를 아느냐가 중요하지만, 난 아무도 모른다.

– *the New York Times*

Talk Sense Dialogue

Max Why do companies prefer to hire people who graduate from top universities?

Sally I assume it's because they are smarter.

Max I think otherwise. I think it's because they know more people in important positions.

Sally I never thought of it like that. That sounds reasonable. After all, most top government officials are SKY graduates.

Max And Korea is a country where there's red tape everywhere.

Sally I guess it isn't what you know, but who you know that's important in business.

맥스 왜 회사들은 명문대 출신들을 고용하는 것을 선호할까?

샐리 그들이 더 똑똑하기 때문일 거야.

맥스 난 다르게 생각해. 내 생각에는 그들이 중요한 위치에 있는 사람들을 더 많이 알기 때문이라고 생각해.

샐리 난 그렇게 생각해 본 적이 없는데. 그거 일리가 있네. 알고 보면 대부분의 고위 공직자들이 SKY 출신이지.

맥스 그리고 한국은 어디서나 관료주의를 접하게 되는 나라지.

샐리 사업을 할 때는 무엇을 아느냐보다는 누구를 아느냐가 더 중요한가 봐.

contacts 친교, 연줄 **graduate from** ~을 졸업하다 **otherwise** 다르게 **it sounds reasonable** 일리가 있다 **after all** 알고 보면 **red tape** 관료주의, 형식주의

033

깃털이 같은 새들끼리 무리를 짓는다(유유상종)

Birds of a feather flock together.

◎ People who share similar interests and beliefs are usually attracted to each other. A friend becomes a friend for a reason.

유사한 관심과 믿음을 가진 사람들은 보통 서로에게 호감을 갖습니다. 친구가 되는 데에는 이유가 있습니다.

Talk Sense Quotation

There were sixteen people in the drawing room, and they had one thing in common: They were wealthy. Nita Ludwig was a firm believer in the "birds of a feather" philosophy.

거실에는 열여섯 명의 사람들이 모였으며 한 가지 공통점이 있었다. 그들 모두 부자였다. 니타 루드비히는 '깃털이 같은 새들'의 철학을 확실히 믿는 사람이었다.

– Sidney Sheldon, Master of the Game

Talk Sense Dialogue

Sally Why do all gangsters have crew cuts and wear black suits?

Max Didn't you know that birds of a feather flock together?

Sally No, I didn't. What does that mean?

Max Gangsters want to be known as gangsters, so they dress alike for their image.

Sally What's up with the haircut?

Max Well, gangsters fear the police and they don't want the police to pull them by their hair.

샐리 왜 모든 건달들이 머리를 짧게 깎고 검은 양복을 입는 것일까?
맥스 깃털이 같은 새들끼리 무리를 만든다는 걸 몰랐니?
샐리 응, 몰랐어. 무슨 뜻인데?
맥스 건달들은 건달로 알려지기를 원하기 때문에 이미지를 위해서 비슷하게 옷을 입는 것이지.
샐리 머리는 왜 그렇고?
맥스 건달들은 경찰을 무서워하는데, 경찰이 자기들의 머리를 잡아당길까 봐 그런 것이지.

gangster 깡패, 건달 **crew cuts** 아주 짧은 머리 **suits** 양복 **flock** 무리 **dress alike** 비슷하게 옷을 입다 **what's up with ~?** ~은 왜 그렇지?

034 뭉치면 힘이 생긴다

In unity there is strength.

◎ Under the same goal, a group of people can accomplish more than individuals can. When people band together, almost anything is possible.

같은 목표 아래 여러 사람이 모이면 개인적으로 하는 것보다 더 많은 것을 이루어낼 수 있습니다. 사람들끼리 뭉치면 거의 무엇이든 가능합니다.

Talk Sense Quotation

The old adage that in unity there is strength is applicable now as never before.

뭉치면 힘이 생긴다는 오래된 격언이 지금처럼 딱 들어맞는 경우도 없었습니다.

– New York Post

Talk Sense Dialogue

Sally Korea will surprise the world with every World Cup from now on.

Max Why do you say that?

Sally No other country cheers its national team like Koreans. They cheer regardless of wins or losses.

Max The whole country believes that in unity there is strength.

Sally Only during the World Cup.

Max Yeah. I feel sorry for the professional players.

샐리 한국은 이제부터 모든 월드컵에서 세계를 놀라게 할 거야.
맥스 왜 그렇게 생각하는데?
샐리 그 어떤 나라도 한국인들처럼 국가대표 팀을 응원하지는 않거든.
그들은 승패에 관계없이 응원해.
맥스 뭉치면 힘이 생긴다고 나라 전체가 믿지.
샐리 월드컵 동안에만.
맥스 맞아. 프로선수들이 불쌍해 보여.

band together 단결하다 **adage** 격언 **applicable** 들어맞는, 적절한
from now on 이제부터 죽 **cheer** 응원하다 **national team** 국가대표 팀
regardless 상관없이 **feel sorry for** ~에 대해 미안함을 느끼다

035 사과는 나무에서 멀리 떨어지지 않는다

The apple doesn't fall far from the tree.

◎ Children take after their parents. Parents should be aware that their children learn from their thoughts and actions.

자식들은 부모를 따라합니다. 부모들은 자신들의 생각과 행동으로부터 자식들이 배운다는 사실을 깨달아야 합니다.

Talk Sense Quotation

Three of the current crop of candidates for President are sons of United States Senators. The apple seldom falls far from the tree.

대통령 후보들 중에 세 명이 연방 상원의원의 아들들이다. 사과가 나무에서 멀리 떨어지는 경우는 드물다.

– *the New York Times*

Talk Sense Dialogue

Max The chicken eatery near my house is closing.

Sally Oh, that's sad. You liked the place so much. Why are they closing?

Max The owner's too old and his son wants to open a computer shop.

Sally Many Japanese stores are owned from generation to generation. They have pride in their craftsmanship.

Max They had a fairly good business, but I heard the son doesn't like chicken.

Sally It sounds like the apple fell far from the tree.

맥스 우리 집 근처에 있는 치킨 집이 문을 닫는데.

샐리 어머, 그거 안됐네. 너 거기 되게 좋아했잖아. 왜 닫는데?

맥스 주인은 너무 나이가 들었고 아들은 컴퓨터 가게를 열 거래.

샐리 많은 일본 가게들은 대대로 이어져. 그들은 자기네 기술에 대한 자부심이 있어.

맥스 그 가게는 장사가 꽤 잘됐는데, 내가 듣기론 아들이 치킨을 싫어한대.

샐리 이 경우는 사과가 나무에서 멀리 떨어진 것처럼 들리네.

eatery 작은 식당 **from generation to generation** 대대로 **craftsmanship** (손)기술 **fairly** 꽤 **good business** 장사가 잘 되는 상점 **it sounds like** ~처럼 들리다

036 꺾지 못할 상대면 함께해라

If you can't beat them, join them.

◎ Once you realize there's no hope of winning your rivals, make peace so you can gain an edge by the alliance. Rivals can become friends.

당신의 라이벌을 꺾을 가능성이 전혀 안 보이면 화해하고 동맹을 맺어서 유리한 입장에 서야 합니다. 라이벌끼리 친구가 될 수 있습니다.

Talk Sense Quotation

Confronted with the foretaste of daunting competition, it appears postal authorities are bowing to the old adage, "If you can't beat them, join them."

힘든 경쟁을 미리 맛본 우체국 당국은 '꺾지 못할 상대면 함께하라'는 오래된 격언대로 행동하는 것처럼 보인다.

– *the Wall Street Journal*

Talk Sense Dialogue

Sally Why did KTF and LG merge their cell phone services?

Max To beat SK Telecom.

Sally So they joined their services to beat one company?

Max KTF and LG figured they couldn't beat SKT on their own, so they joined their operations.

Sally That leaves only two cellular service providers. There should be more. No wonder it's so expensive to use a cell phone in Korea.

Max You can say that again.

샐리 KTF하고 LG가 왜 휴대폰 서비스를 통합시켰지?

맥스 SK 텔레콤을 꺾으려고.

샐리 그럼 한 회사를 꺾으려고 서비스를 합친 거야?

맥스 KTF하고 LG가 스스로 SKT를 꺾을 수 없다는 것을 깨닫고 사업을 합치기로 한 것이지.

샐리 그럼 휴대폰 서비스를 제공하는 곳이 두 군데밖에 없네. 더 있어야 할 텐데. 어쩐지 한국에서 휴대폰을 쓰는 게 너무 비싸다 했다.

맥스 바로 그거야.

gain an edge 유리한 입장이 되다 **alliance** 연합 **confronted with** (어려움 등에) 직면하다 **foretaste** 미리 맛봄 **daunting competition** 치열한 경쟁 **merge** 합병하다 **beat** 꺾다 **figure** 깨닫다, 판단하다 **no wonder** ~한 것이 놀라운 일은 아니다

037

남자의 마음을 사로잡으려면 그의 배를 채워 줘라

The way to a man's heart is through his stomach.

◎ The easiest way to win a man is to feed him well. Prepare a meal that he enjoys, and he'll love you for sure!

남자를 사로잡는 가장 쉬운 방법은 잘 먹여 주는 것입니다. 그가 좋아하는 식사를 준비해 주면 분명히 당신을 사랑하게 될 겁니다!

Talk Sense Quotation

"The shortest road to men's hearts is down their throats."

남자들의 마음을 사로잡는 지름길은 그들의 목구멍을 따라 내려가는 것이다.

– John Adams, Works

Talk Sense Dialogue

Max How's your love life going on with the wonderful guy?

Sally His name is Eugene. And our relationship has never been stronger.

Max What's your secret? I know you had some tough competition.

Sally I made him his favorite dishes every day. It was as simple as that.

Max Amazing! The way to a man's heart must really be through his stomach. What's the way to a woman's heart?

Sally That's not an easy question. We are more complicated than men.

맥스 그 훌륭한 남자하고의 연애전선은 어떠냐?

샐리 그의 이름은 유진이야. 그리고 우리의 관계는 지금보다 더 좋았던 적이 없었어.

맥스 비결이 뭐야? 치열한 경쟁을 벌였다며.

샐리 난 그가 좋아하는 음식을 매일 해줬어. 단지 그뿐이야.

맥스 놀라운데! 남자의 마음을 사로잡는 게 정말 그의 배를 채워 주는 것인가 보구나. 여자의 마음을 사로잡는 법은 뭐니?

샐리 그거 쉽지 않은 질문이네. 우리는 남자들보다 복잡하거든.

love life 연애 상황 **tough competition** 치열한 경쟁 **as simple as that** 그만큼 간단한 **complicated** 복잡한

038 나를 한 번 속이면 너의 잘못이고, 나를 두 번 속이면 나의 잘못이다

Fool me once, shame on you; fool me twice, shame on me.

FOOL ME TWICE,
SHAME ON
ME!!!

◎ It's not your fault if you have been deceived. But if you fall for the same deceit twice, you must bear the responsibility.

사기당하는 것은 당신의 잘못이 아닙니다. 그러나 똑같은 사기를 두 번 당하면 그것은 당신의 책임입니다.

Talk Sense Quotation

I've learned as a boy, "Fool me once, shame on you; fool me twice, shame on me."

저는 소년 시절, '나를 한 번 속이면 네가 나쁘고, 나를 두 번 속이면 내가 나쁜 것'이라는 사실을 깨달았습니다.

– Bill Clinton, World News Now, ABC

Talk Sense Dialogue

Sally I feel so bad.

Max What happened?

Sally I bought a dress from an Internet company and it didn't arrive.

Max Don't worry. That happens to everybody.

Sally But this is the second time it happened. I didn't receive my clothes from the same company the last time I ordered.

Max Then I don't understand why you ordered from them again. If they fooled you twice, it's more of your fault than theirs.

샐리 나 기분이 너무 나빠.

맥스 무슨 일인데?

샐리 인터넷 회사에서 드레스를 샀는데 도착하지 않았어.

맥스 걱정하지 마. 누구에게나 일어나는 일이야.

샐리 하지만 이번이 두 번째야.
같은 회사에서 저번에 주문을 했는데, 옷을 못 받았어.

맥스 그랬다면 왜 또 거기서 주문했는지 이해하지 못하겠다.
그들이 너를 두 번 속였다면, 그건 그 사람들보다는 너의 잘못이 더 크다고 봐.

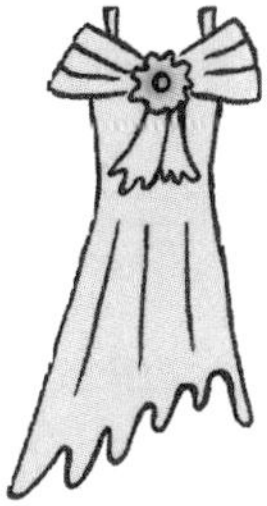

deceive 속이다 **deceit** 사기, 속임수 **bear** (책임을) 지다 **arrive** 도착하다 **happen** 일어나다 **fool** 속이다 **order** 주문하다 **be more of your fault** 너의 잘못이 더 크다

039

도둑끼리도 의리가 있다

There is honor even among thieves.

◎ Even criminals, who live by betraying other people, do not betray each other. People of the same profession tend to help each other.

남들을 배신하는 것이 직업인 범법자들도 서로를 배신하지는 않습니다. 같은 직종에서 일하는 사람들은 서로를 돕는 경향이 있습니다.

Talk Sense Quotation

The defendant refused to name names. And said, "There is honor even among thieves."

피고인은 이름을 대기를 거부했다. 그리고 말했다. "도둑들끼리도 의리라는 게 있습니다."

– Brooklyn courthouse

Talk Sense Dialogue

Max One of my colleagues really pissed me off at work.

Sally My gosh! What happened?

Max She deceived me about the importance of a project.

Sally Why would she do that?

Max So she could earn praises from our boss. I looked so dumb when our boss asked questions about the project.

Sally That's terrible! There should be honor even among thieves.

맥스 직장에서 내 동료가 진짜 짜증 나게 했어.

샐리 저런! 무슨 일인데?

맥스 그녀가 프로젝트의 중요성에 대해서 나를 속였어.

샐리 그녀가 왜 그랬을까?

맥스 우리 사장님한테 칭찬을 들으려는 거지. 사장님이 프로젝트에 대해서 질문했을 때 난 너무 바보 같아 보였어.

샐리 그거 신했다! 도둑들끼리도 의리가 있어야 하는 법인데.

criminal 범죄자, 범인 **betray** 배신하다 **defendant** 피고인 **colleague** 동료 **piss off** 화나게 하다 **my gosh** 어머나 **earn praises** 칭찬을 받다 **dumb** 멍청한

040 짖는 개는 물지 않는다

Barking dogs seldom bite.

◎ People who threaten others usually do not hurt others. Don't be afraid of a person who yells. Yelling is a form of forgiving.

협박하는 사람들은 대개 다른 사람들에게 해를 입히지 않습니다. 고함 지르는 사람들을 겁내지 마세요. 고함은 용서의 한 가지 방식이랍니다.

Talk Sense Quotation

Barking dogs never bite.

짖는 개는 절대로 물지 않는다.

– the New Yorker

Talk Sense Dialogue

Sally What do you do when you get angry at somebody?

Max I don't yell at the person. I just tell everybody else how bad he or she is.

Sally Wow! That's even worse than showing your anger towards somebody.

Max I know. **Barking dogs seldom bite,** and I don't bark.

Sally Why don't you just tell the person why you are angry?

Max Because I'm afraid they'd get angry at me.

샐리 넌 누구한테 화가 날 때 어떻게 하니?

맥스 난 소리지르지는 않아. 그냥 그 사람이 얼마나 나쁜 사람인지 모두에게 말할 뿐이야.

샐리 어머나! 그건 남한테 화를 내는 것보다 더 못된 거잖아.

맥스 알아. 짖는 개는 잘 물지를 않지. 난 짖지를 않아.

샐리 그냥 화가 난 까닭을 그 사람한테 말하지 그러니?

맥스 그 사람이 나한테 화내는 게 겁이 나거든.

threaten 위협하다 **yell** 고함을 치다 **get angry at** ~에 화를 내다

021 **Lady:** Did you hear the news that Mi-na and Du-han broke up?
Friend: Is that true? I never thought they were a good match.
Lady: Me neither. Mi-na called and asked if she could hang out with us. I told her she could meet us for dinner.
Friend: I want to hear her story. She must feel miserable.
Lady: Probably. 고통 받는 자는 동반자를 원하는 법이지, and we shall lend our shoulders to her tonight.

022 **President Bush:** When is the right time to pull our troops out of Iraq? More people hate me because I'm not pulling the troops out. Somebody give me an answer.
Condoleezza Rice: Mr. President, 고양이가 없으면 쥐들이 설칠 것입니다. If we pull out our troops right now, the insurgents will take over Iraq and a civil war will ensue. Our troops must remain in Iraq until the region is stabilized.
President Bush: Condi, that sounds like a great reason. Let's do that. Let's keep our troops there until the region is stabilized.

023 **Police chief:** This week's training will be conducted by Dae-shik Kim, a former thief, who will teach you about the techniques that most thieves use when they steal things from other people. I know that some of you are bothered by the idea of being trained by an ex-convict, but 도둑을 잡으려면 도둑이 필요합니다. Treat Mr. Kim with respect since his expertise in this field is unparalleled. He is now reformed and goes around the country training officers on how to catch thieves.

숙녀: 너 미나하고 두한이가 헤어졌다는 소식 들었니?
친구: 그거 정말이야? 난 걔네가 잘 어울린다고 생각한 적이 없었어.
숙녀: 나도 그래. 미나한테서 전화 왔는데 우리랑 놀 수 있느냐고 물어 보더라고. 저녁을 같이 먹자고 했지.
친구: 미나의 얘기를 듣고 싶어. 무척 괴로워하고 있을 거야.
숙녀: 아마도. Misery loves company, 그러니 오늘 저녁 우리가 미나한테 힘이 되어 주자.

📖 **break up** 헤어지다 **good match** 잘 어울리는 남녀 **neither** 역시 그렇지 않은 **hang out** 함께 어울리다 **lend one's shoulders to** ~에게 힘이 되어 주다

부시 대통령: 우리 병사들을 이라크에서 빼기에 적절한 시기가 언제일까요? 내가 병사들을 빼지 않아서 많은 사람들이 절 미워하고 있습니다. 누가 대답 좀 해주세요.
콘돌리자 라이스: 대통령 각하, when the cat's away, the mice will play. 지금 우리의 병사들을 빼낸다면, 반란군들이 이라크를 차지할 것이며 내전이 일어날 것입니다. 우리 병사들은 그 지역이 안정될 때까지 이라크에 남아 있어야 합니다.
부시 대통령: 콘디, 그거 아주 좋은 근거로 들리는군요. 그렇게 하도록 합시다. 그 지역이 안정될 때까지 우리의 병사들을 주둔시킵시다.

📖 **pull out** 철수시키다 **right now** 바로 지금 **insurgent** 반란군 **take over** 차지하다 **civil war** 내란 **ensue** 뒤이어 일어나다 **be stabilized** 안정되다

경찰서장: 이번 주 교육은 과거에 도둑이었던 김대식 씨가 진행할 것이며, 여러분에게 도둑들이 다른 사람들로부터 물건을 훔칠 때 사용하는 기술들을 가르쳐 줄 것입니다. 여러분 중 일부는 전과자로부터 교육을 받는다는 사실을 탐탁지 않게 여길 줄로 압니다만, it takes a thief to catch a thief. 이 분야에 대한 김대식 씨의 전문 지식이 타의 추종을 불허하므로 예우를 해주십시오. 그는 이제 깨끗이 손을 씻고, 전국을 돌며 경관들에게 도둑을 잡는 방법에 대한 교육을 하고 있습니다.

📖 **training** 훈련, 교육 **conduct** 실시하다 **former** 이전의 **ex-convict** 전과자 **respect** 경의 **expertise** 전문 지식 **unparalleled** 견줄 데 없는, 타의 추종을 불허하는

---

024 **Father:** Your mom told me that you were being very disrespectful to her today. Would you like to tell me what happened?
Son: I was in the car with her when we went to the mall. But mom kept making the wrong turns and drove too slowly. So I screamed at her a few times, but it wasn't out of disrespect. I was just worried that we might get into an accident.
Father: But you raised your voice to your mother. That is unacceptable. The next time you are so worried, 눈은 뜨고 입은 다물도록 해라. Do you understand, young man?

025 **Smoker:** I've been trying to quit smoking for the past three years, but it's too difficult to quit.
Friend: I hear you. 대부분의 경우 사람들은 마음은 쉽게 먹는데 몸이 따라 주지 않지. One of my friends quit smoking after he got cancer. It takes a dramatic measure like that.
Smoker: That's a scary story. I don't want to get cancer, but I want to smoke. My mind and my body move in different directions.

026 **Husband:** My friend, Jason, has a serious problem. He bought a car with his credit card, but he has no way of paying the money back. So, he's asking his friends to lend him some money.
Wife: You shouldn't lend him any money. Instead, tell him to come to his senses. 살아 있는 개가 죽은 사자보다 낫다는 말을 해줘.
Husband: You scare me sometimes.

아버지: 네가 오늘 어머니에게 무례하게 굴었다고 하더구나. 무슨 일이 벌어졌는지 얘기해 주겠니?
아들: 쇼핑몰에 갈 때 어머니와 같이 차 안에 있었어요. 그런데 어머니가 계속 길을 잘못 들고 너무 천천히 운전했어요. 그래서 제가 어머니에게 몇 번 소리를 질렀지만, 무례했던 건 아니었어요. 전 그냥 우리한테 사고가 일어날까 봐 염려했을 뿐이에요.
아버지: 하지만 넌 어머니에게 목소리를 높였어. 그것은 용납할 수가 없지. 다음에 그렇게 걱정이 되면 keep your eyes open and your mouth shut. 얘야, 이해하겠니?

📖 **disrespectful** 무례한 **keep ~ing** 계속 ~하다 **make the wrong turn** 잘못 방향을 잡다 **scream at** ~에게 고함을 지르다 **a few times** 몇 번 **disrespect** 무례 **unacceptable** 용납할 수 없는

흡연자: 난 지난 3년 동안 금연하려고 했지만 금연이 너무 어려워.
친구: 나도 동감이야. The spirit is willing, but the flesh is weak for most people. 내 친구 하나는 암에 걸리고서야 금연을 했어. 그렇게 극단적인 방법이 필요해.
흡연자: 그거 겁나는 얘기로군. 암에 걸리기는 싫지만 담배는 피우고 싶어. 내 마음과 몸이 따로 움직여.

📖 **quit ~ing** ~하기를 그만두다 **cancer** 암 **dramatic** 극적인 **measure** 수단, 방법 **direction** 방향

남편: 내 친구 제이슨한테 심각한 문제가 있어. 신용카드로 차를 샀는데 그 돈을 갚을 길이 전혀 없어. 그래서 친구들한테 돈을 빌려 달라고 부탁하고 있는 중이지.
부인: 당신 친구한테 돈을 한 푼도 빌려 주지 마. 그 대신에 정신차리라고 해. Tell him that a living dog is better than a dead lion.
남편: 당신은 때때로 날 두렵게 해.

📖 **pay back** (돈 따위를) 갚다 **come to one's senses** 정신차리다 **scare** ~을 겁나게 하다

---

027 **Student:** I studied a lot for the final exam. I know that you beat me by a large margin last time, but would you like to make another bet this time?
Friend: Okay.
Student: Why do you sound so confident? Did you study a lot?
Friend: No. But that doesn't matter. 마지막에 웃는 자가 가장 통쾌하게 웃는 것이거든. It's not the amount of studying that's important; it's the result.
Student: I want to beat you so bad this time.

---

028 **Citizen:** You know what's the problem with our government? It's too big. For such a small country, we don't need that many congressmen. Government workers don't worry about being laid off. Is that fair?
Friend: I absolutely agree with you. 요리사가 너무 많으면 육수를 망치지. Our government always goes back and forth with all these plans. What we need is actions, not words.

---

029 **Woman:** Why are you always busy on Wednesdays? I heard that you never meet people on Wednesdays.
Friend: I'm committed to something. I'd rather not tell.
Woman: Oh, come on. What are friends for? Maybe I can help you.
Friend: Actually, I volunteer at the hospital every Wednesday. It's something I've done for the past few months.
Woman: Wow! I'm surprised. Why didn't you tell anybody? You know, we thought you had a lover.
Friend: Ha-ha-ha. That's funny. 난 그냥 오른손이 하는 일을 왼손이 모르게 하려고 했을 뿐이야.

학생: 나 기말고사 공부를 아주 많이 했어. 저번에 네가 날 큰 차이로 이긴 걸 알지만, 이번에도 또 내기할래?
친구: 좋아.
학생: 너 왜 그렇게 자신만만해? 공부 많이 했니?
친구: 아니. 하지만 그건 상관없어. He who laughs last laughs best. 공부의 양이 중요한 건 아니지. 결과가 중요해.
학생: 이번에 진짜로 널 이기고 싶어.

📖 **exam** 시험 **margin** 차이 **bet** 내기 **confident** 자신 있는 **matter** 문제가 되다 **amount** 양 **result** 결과 **so bad** 매우, 대단히

시민: 우리 정부의 문제가 무엇인지 알아? 정부가 너무 비대해. 이렇게 작은 나라에 그렇게 많은 국회의원들이 있을 필요가 없잖아. 공무원들은 잘릴 걱정도 하지 않지. 그게 공평해?
친구: 완전히 동의해. Too many cooks spoil the broth. 우리 정부는 이들 정책을 가지고 항상 이랬다저랬다 해. 우리가 필요로 하는 건 행동이지 말이 아니야.

📖 **government** 정부 **that many** 그렇게 많은 **government worker** 공무원 **be laid off** 해고되다 **absolutely** 완전히 **back and forth** 앞뒤로, 이리저리

여자: 넌 왜 항상 수요일에 바쁘냐? 듣기론 수요일에는 사람들을 절대로 안 만난다며.
친구: 좀 하는 일이 있어. 말하고 싶지 않아.
여자: 그러지 마. 친구 좋다는 게 뭔데? 내가 널 도와줄 수도 있잖아.
친구: 사실, 나 수요일마다 병원에서 봉사활동을 해. 지난 몇 달 동안 해왔어.
여자: 어머나! 놀라운 일이네. 왜 아무한테도 말을 안 했니? 있잖아, 우린 네가 애인이 생긴 줄 알았어.
친구: 하하하. 웃기는군. I just didn't want the left hand to know what the right hand is doing.

📖 **be committed to** ~을 맡아 처리하다 **would rather** 오히려 ~하고 싶다 **volunteer** 자원 봉사를 하다

Review

030 **Father:** Son, where have you been last night?
Son: I was playing with my friends at the playground.
Father: High school students hanging out at the playground at night? That doesn't sound right. Were you smoking?
Son: No, dad. We were just talking.
Father: Son, 친구를 보면 그 사람을 알 수 있는 법이야. I would like you to have more academic friends.

---

031 **An American tourist at a Korean restaurant:** Excuse me. I don't want to take off my shoes when I eat. Could you please make an exception for me?
Restaurant owner: I'm sorry sir, but as you can see, nobody at our restaurant is wearing shoes while they eat. Please follow our restaurant's rules.
American tourist: 한국에 있을 땐 한국인처럼 해야겠죠. But my feet may stink.
Restaurant owner: That's no problem. The smell of galbi will cover the smell of your feet.

---

032 **College student:** I can't believe Dae-shik got into that famous company. His academic profile isn't that great, nor is his extracurricular activities.
Friend: That's true. But his older brother has a high position in that company. I guess that helps.
College student: Damn. In today's world,
무엇을 아느냐가 중요한 게 아니라 누구를 아느냐가 중요해.
I wish I knew someone up the ladder.

아버지: 얘야, 어젯밤에 어디 있었니?
아들: 놀이터에서 친구들이랑 놀고 있었어요.
아버지: 고등학생들이 밤에 놀이터에서 어울려 놀았다고? 그거 이상하게 들리는데. 담배 피우고 있었니?
아들: 아니예요, 아버지. 그냥 얘기하고 있었어요.
아버지: 얘야, a man is known by the company he keeps. 난 너한테 학구적인 친구들이 더 많으면 좋겠다.

📖 **playground** 놀이터 **hang out** 함께 어울리다 **smoke** 담배를 피우다 **academic** 학구적인

한국 식당에 간 미국인 관광객: 실례합니다. 저는 밥 먹을 때 신발을 벗고 싶지 않습니다. 전 예외로 해주시면 안 될까요?
식당 주인: 선생님, 죄송하지만 보시다시피 우리 식당에서는 밥 먹는 동안 아무도 신발을 신고 있지 않습니다. 우리 식당의 규칙을 따라 주세요.
미국인 관광객: I guess I should do as the Koreans do when I'm in Korea. 하지만 제 발 냄새가 지독할지 모릅니다.
식당 주인: 그건 문제 될 게 없습니다. 갈비 냄새가 발 냄새를 덮어 버릴 테니까요.

📖 **take off** 벗다 **make an exception** 예외를 만들다
stink 냄새가 나다

대학생: 대식이가 그 유명한 회사에 취직됐다는 게 믿어지지 않아. 그의 학점이나 과외 활동도 그렇게 대단하지는 않잖아.
친구: 그건 맞는 말이야. 근데 걔네 형이 그 회사에서 높은 자리에 있어. 그게 도움이 됐나 봐.
대학생: 제기랄. 요즘 세상에서는 it's not what you know, but who you know that's important. 나도 높은 자리에 있는 사람을 알았으면 좋겠다.

📖 **academic profile** 학업 성적 **extracurricular activity** 과외 활동
up the ladder 사닥다리의 위[높은 자리]에 있는

Talk Sense Review

033 **Student:** I went on a trip to America this summer and do you know what surprised me?

Friend: What?
Student: Although America is a multi-ethnical society, I saw that whites walk along with whites, blacks with blacks, Asians with Asians, and Latinos with Latinos. That's not what I expected. I thought the grouping would be more color diverse.
Friend: I guess 같은 깃털을 가진 새들이 함께 모이지 and people of a color walk together.

---

034 **Student:** Do you think I should go to the teacher and tell him that he offended me with his comment in class?
Friend: He not only offended you, he offended most girls in our class. I think it's better if we all went together to complain. 뭉치면 힘이 생기잖아.
Student: Thanks for saying that. I was worried to go alone.

---

035 **Wife:** Honey, you should tell Eugene not to run towards dogs each time he sees them. I'm afraid he's going to be bitten one day.
Husband: My son likes dogs? Just like me? That's great news. If you didn't have dog allergies, we would have raised many dogs by now.
Wife: No wonder people say that 사과는 나무에서 멀리 떨어지지 않는다. But, honey, I'm worried that our three-year-old son might get hurt by a dog one day.
Husband: I'm sure that won't happen. You're worrying too much. Dogs are friendly animals.

학생: 나 이번 여름에 미국에 여행 갔는데 날 놀라게 했던 게 뭔지 아니?
친구: 뭔데?
학생: 미국이 비록 다민족 사회이긴 해도 백인은 백인하고, 흑인은 흑인하고, 동양인은 동양인하고, 라틴계는 라틴계하고 걸어 다니더라. 난 다양한 피부색의 사람들이 한데 섞이는 줄로 생각했지.
친구: 내 생각에 birds of a feather flock together 그리고 피부색이 같은 사람끼리 함께 걷고.

📖 **surprise** 놀라게 하다 **multi-ethnical** 다종족의 **Latino** 라틴계 사람 **grouping** 모임, 무리를 이룸 **color diverse** 색깔이 다양한

학생: 선생님한테 가서 수업 중에 한 말 때문에 내 감정이 상했다고 말해야 하는 것일까?
친구: 너뿐만 아니라 우리 반 여학생 대부분을 기분 나쁘게 했어. 우리 다 같이 찾아가서 따지는 게 더 좋을 것 같아. In unity there is strength.
학생: 그렇게 말해 줘서 고마워. 혼자 가는 게 걱정됐었어.

📖 **offend** 감정을 상하게 하다 **comment** 언급 **in class** 수업 도중에 **complain** 불평하다, 이의를 제기하다 **be worried to** ~하기가 겁나다

부인: 여보, 유진에게 개를 볼 때마다 그들에게 달려가지 말라고 말 좀 해줘. 언젠가 물릴까 봐 걱정이 돼.
남편: 내 아들이 개를 좋아해? 나랑 마찬가지로? 그거 좋은 소식인걸. 당신이 개 알레르기만 없다면 우린 지금쯤 개를 여러 마리 길렀을 거야.
부인: 사람들이 the apple doesn't fall far from the tree 라고 말하는 이유가 있었구나. 하지만 여보, 난 우리 세 살배기 아들이 개한테 다칠까 봐 걱정이 돼.
남편: 그런 일은 절대 없을 거야. 당신이 괜한 걱정을 하고 있어. 개들은 사람과 친한 동물이거든.

📖 **allergy** 알레르기 **by now** 지금쯤
no wonder ~하는 것이 이상한 일이 아니다
friendly 우호적인

Talk Sense Review

036 **Student:** Did you hear about the study group?
Friend: No, I haven't. Who's in it?
Student: The top three students: Mi-na, Ji-na, and Su-na.
Friend: That sounds so intimidating.
Student: I plan on joining that group.
Friend: But your grade is on the opposite side of them.
Student: That's why I'm going to join the group. 꺾지 못할 상대면 함께해야지.

037 **Lady:** I'm afraid my boyfriend won't commit for marriage. Whenever I bring up the issue, he tries to change the subject.
Friend: 남자의 마음을 사로잡으려면 그의 배를 채워 주라는 말을 들었어. Have you ever cooked for him?
Lady: No, I haven't. I don't even know how to cook.
Friend: If you really want to marry him, learn how to cook. My friends who are good cooks all got married early.
Lady: Really? I'm going to register for cooking class today.

038 **Teacher:** I noticed that some of you didn't do your classroom cleaning duties yesterday. While I was out of the classroom, some ran away. 나를 한번 속이면 너희 잘못이고, 나를 두 번 속이면 나의 잘못이다. For those thinking about running away from their cleaning responsibilities again, beware that I am on alert. I will catch those who run away next time.

학생: 너 그 스터디 그룹에 대해 들어 봤니?
친구: 아니, 못 들어 봤어. 누가 하는데?
학생: 공부를 제일 잘하는 세 명, 미나, 지나, 수나야.
친구: 그거 되게 위협적으로 들리는걸.
학생: 나 그 그룹에 들어갈 계획이야.
친구: 하지만 네 성적은 걔네들의 반대편에 있잖아.
학생: 그래서 내가 그 그룹에 참가하려는 거야. If you can't beat them, join them.

📖 **intimidating** 위협하는 **plan on ~ing** ~할 계획을 세우다 **opposite** 반대편의 **be going to** ~하려고 하다

숙녀: 내 남자 친구가 결혼할 마음이 없을까봐 두려워. 내가 그 얘기를 꺼낼 때마다 화제를 바꾸려고 해.
친구: I heard that the way to a man's heart is through his stomach. 남자 친구를 위해 요리를 해준 적이 있니?
숙녀: 아니, 그런 적 없어. 나 요리를 할 줄도 몰라.
친구: 그 남자하고 진짜로 결혼하고 싶다면 요리하는 법을 배워. 요리를 잘하는 내 친구들은 모두 다 일찍 결혼했어.
숙녀: 정말? 오늘 요리 교실에 등록해야겠다.

📖 **commit** 약속하다 **whenever** ~할 때는 언제나 **bring up** 제기하다 **get married** 결혼하다 **register** 등록하다 **cooking class** 요리 수업

교사: 어제 너희들 가운데 몇 명이 교실 청소를 하지 않았다는 걸 알았다. 내가 교실에 없는 동안 몇 명이 도망을 쳤다. Fool me once, shame on you; fool me twice, shame on me. 또다시 청소하는 의무에서 도망치려고 생각하는 사람들은 내가 지켜보고 있다는 것을 알아 두어라. 다음에 도망치는 사람들은 내가 꼭 잡고야 말 테다.

📖 **notice** 알아차리다 **run away** 도망치다 **responsibility** 책임, 의무 **beware** 조심하다 **on alert** 경계 상태의

Talk Sense Review

(039) **Father:** Why did the two of you fight each other?
First son: He stole money from my wallet.
Second son: You didn't pay me back the money you've borrowed from me.
Father: Hold on, you guys. You two punched and kicked each other over some money? You guys are brothers. You should respect each other. 도둑들끼리도 의리가 있는 법이야, and there should be love between brothers. I want you guys to shake hands and be nice to each other. Understood?

---

(040) **Kid:** Ji-hwan is so intimidating. He always says that he'll beat somebody up. Aren't you afraid of him?
Friend: Not at all. 짖는 개는 좀처럼 물지 않지. He's all talk.
Kid: I hope you're right. He actually threatened to beat me up.
Friend: You have nothing to worry. I'll protect you.

아버지: 너희 둘 왜 싸웠냐?
첫째 아들: 쟤가 내 지갑에서 돈을 훔쳤어요.
둘째 아들: 형이 나한테 꾼 돈을 갚지 않았잖아.
아버지: 얘들아 잠깐만. 너희 둘이 돈 때문에 서로를 주먹으로 때리고 발로 찬 거야? 너희 둘은 형제야. 서로를 존중해 줘야지. There is honor even among thieves, 그리고 형제들끼리는 사랑이 있어야지. 너희들 악수를 나누고 서로에게 잘해 줘라. 알았지?

pay back (돈 따위를) 갚다 **hold on** 잠깐 기다리다 **respect** 존중하다 **shake hands** 악수하다

아이: 지환이가 너무 무서워. 걔는 항상 누구를 때리겠다고 말해. 넌 걔가 무섭지 않니?
친구: 전혀 무섭지 않아. Barking dogs seldom bite. 걔는 다 말뿐이야.
아이: 네 말이 맞았으면 좋겠다. 사실 걔가 날 패겠다고 협박했거든.
친구: 넌 걱정할 게 없어. 내가 널 지켜 줄게.

intimidating 위협하는 **beat up** 때리다 **actually** 실제로, 사실은 **threaten** 위협하다 **protect** 보호하다

동서양을 막론하고 어른들이 아이들에게 속담이나 격언을 들려주는 가장 큰 이유는 아마도 피해야 하거나, 하지 말아야 할 것들을 알려주기 위함일 것입니다. 아직 삶의 경험이 풍부하지 않은 아이들은 격언을 통해서 인생의 깨달음을 맛볼 수 있을 테니까요. 하지만 이러한 격언들이 결코 아이들에게만 필요한 것이 아니라는 것을 깨닫는 경우가 종종 있습니다.

필자도 성인이 되어서 이성이 취하는 제스처를 수십 번도 더 오해했다가 **One swallow does not make a summer**(제비 한 마리가 왔다고 해서 여름이 되는 것은 아니다)라는 말을 다시금 가슴에 새겼고, 의욕이 앞서서 책을 쓰다가 **Don't bite off more than you can chew**(씹을 수 있는 것보다 많이 입에 물지 말라)라는 말이 왜 격언이 되었는지를 절실히 깨달았습니다.

여러분은 피해야 하거나, 하지 말아야 할 것을 한 후에 후회한 적이 있나요? 만약 그렇다면 크게 공감하며 이번 장을 재미있게 공부할 수 있을 것입니다.

3

피하거나, 하지 말거나

Why Risk?

041

제비 한 마리가 왔다고 해서
여름이 되는 것은 아니다

One swallow does not make a summer.

◎ The migratory patterns of swallows herald a change of season in many parts of the world, but don't draw conclusions prematurely based on a single fact.

제비들이 이주하는 패턴은 세계 곳곳에 계절의 변화를 알리지만, 한 가지 사실만으로 너무 일찍 결론을 지어서는 안 됩니다.

Talk Sense Quotation

How many swallows make a summer?

몇 마리의 제비가 여름을 알립니까?

– the New Yorker

Talk Sense Dialogue

Bill I am so excited about FC Seoul's lineup this year.

Cindy What's the reason?

Bill I have a feeling that Park Ju-young will play really well.

Cindy One swallow does not make a summer. One player won't make a big difference since football is a team game.

Bill I totally disagree. One great player does make a difference.

Cindy I guess we'll have to wait until the season is over.

빌 올해 FC 서울의 라인업이 너무 기대돼.

신디 이유가 뭔데?

빌 박주영이 굉장히 잘할 것 같다는 느낌이 들어.

신디 제비 한 마리가 왔다고 해서 여름이 되는 건 아니지. 축구는 팀 경기이니까 한 명의 선수가 왔다고 해서 큰 변화가 생기는 것은 아니라고 봐.

빌 난 정반대의 생각인 걸. 한 명의 뛰어난 선수가 변화를 가져올 수 있어.

신디 그럼 시즌이 끝날 때까지 기다려야겠는걸.

migratory 이동하는 **herald** 알리다, 예고하다 **prematurely** 조급하게 **lineup** 선수 명단 **have a feeling** 느낌이 들다 **difference** 차이 **totally disagree** 정반대로 생각하다 **I guess** ~해야겠는걸

042 돈은 나무에서 자라지 않는다

Money does not grow on trees.

◎ It is not easy to earn money, but those who have never earned money often forget this principle. Earn first, spend later.

돈을 벌기가 쉽지는 않습니다. 그런데 돈을 벌어 본 적이 없는 사람들은 이 원칙을 종종 잊곤 합니다. 우선은 벌고, 나중에 쓰세요.

Talk Sense Quotation

Kids used to think money grew on trees. Now they know better: It comes out of cash machines.

아이들은 과거에 돈이 나무에서 자라는 줄로 알고 있었다. 이제 아이들은 잘 안다. 돈이 현금인출기에서 나온다는 사실을.

– Ladies' Home Journal

Talk Sense Dialogue

Cindy My nephew is spoiled big time.

Bill Isn't he only a kid?

Cindy He is. But when he wants something, he gives his parents such a difficult time.

Bill Like, how?

Cindy He cries all day long and refuses to eat.

Bill Oh, my gosh! Your nephew must learn that **money does not grow on trees.**

신디 내 조카가 아주 버릇이 없어.
빌 걔는 아이일 뿐이잖아.
신디 맞아. 하지만 걔가 뭘 원하면 부모를 너무 힘들게 해.
빌 그러니까, 어떻게?
신디 하루종일 울고 밥을 먹으려 하지 않아.
빌 세상에! 네 조카는 돈이 나무에서 자라지 않는다는 걸 배워야겠구나.

nephew 조카 **spoil** 망치다, 응석을 받아 주다 **big time** 크게, 아주 **kid** 어린아이 **all day long** 하루종일 **refuse** 거부하다

043 계란을 한 바구니에 모두 담지 말라

Don’t put all your eggs in one basket.

◎ Don’t risk losing everything at once. It’s wiser to spread your risk and minimize your losses.

모든 것을 한꺼번에 잃는 위험을 무릅쓰지 마세요. 위험을 나누어서 손실을 최소화하는 게 현명합니다.

Talk Sense Quotation

When it comes to stocks, if you put all your eggs in one basket, watch out.

주식의 경우 계란을 모두 한 바구니에 담았으면 조심해야 합니다.

– *the Wall Street Journal*

Talk Sense Dialogue

Bill A friend of mine lost his cell phone, and he's really stressed out.

Cindy Was it an expensive phone?

Bill Not really. But it had all his contact numbers and pictures with his girlfriend from the past three years.

Cindy That's a lot of information lost at once. He **shouldn't have put all his eggs in one basket.**

Bill Yeah. After hearing his story, I saved my cell phone data on the computer.

Cindy I should do that too.

빌 내 친구가 휴대폰을 잃어버려 스트레스를 엄청 많이 받고 있어.

신디 비싼 휴대폰이었어?

빌 그건 아니야. 그런데 지난 3년 동안의 연락처와 여자 친구하고 같이 찍은 사진들이 다 들어 있었어.

신디 그거 한번에 많은 정보를 잃어버렸네. 모든 계란을 한 바구니에 담지 말았어야지.

빌 맞아. 걔 얘기를 듣고 나서 내 휴대폰 데이터를 컴퓨터에 저장했어.

신디 나도 그렇게 해야지.

be stressed out 스트레스를 받다 **expensive** 비싼 **contact numbers** 연락처 전화번호 **information** 정보 **data** 자료 **at once** 한번에

044

선물로 받은 말의 입을 들여다보지 말라

Don't look a gift horse in the mouth.

◎ It's pointless to find fault or complain with something you get for free. The chance of a Trojan Horse given to you is next to none.

공짜로 받은 것에 대해서 결함을 찾거나 불평하는 것은 의미 없습니다. 당신에게 트로이 목마가 주어질 확률은 거의 없으니까요.

Talk Sense Quotation

Charities are usually not so picky about donors and they don't look gift horses in the mouth.

자선단체는 기부자에 대해서 깐깐하게 굴지 않는 경향이 있으며, 선물로 받은 말의 입을 열어 보지 않는다.

– *Forbes*

Talk Sense Dialogue

Cindy My friend came back from a trip to the US and brought me a present.

Bill You must be delighted.

Cindy Not really. She bought me a Polo shirt, but its tag was removed. I heard that Polo is really cheap in America.

Bill You're so rude. You shouldn't look a gift horse in the mouth.

Cindy But I asked her if she could buy me a nice gift.

Bill Still, if you were given a present, be happy with whatever it is.

신디 내 친구가 미국 여행에서 돌아오면서 내 선물을 가져왔어.

빌 신이 났겠구나.

신디 그게 아니야. 걔가 폴로셔츠를 사 왔는데 가격표가 떨어졌어.
미국에서는 폴로가 진짜 싸다고 들었는데.

빌 너 되게 무례하다. 선물로 받은 말의 입을 들여다보지 말아야지.

신디 하지만 난 걔한테 좋은 선물을 사다 줄 수 있는지 물어 봤단 말이야.

빌 그래도 선물을 받았으면 그것이 무엇이든 기뻐해야지.

picky 까다로운 **come back** 돌아오다 **bring** 가져오다 **be delighted** 기쁘다, 신이 나다 **tag** 가격표 **cheap** 값싼 **still** 그래도

045

어떤 사람의 부츠를 신고 걸어 보기 전에는
그 사람을 판단하지 말라

Don't judge a man until you've walked in his boots.

◎ Don't criticize a person's work until you've tried to do it yourself, and don't judge another person's life until you've lived like that.

다른 사람의 일을 직접 해보기 전에는 그것을 비판하지 말고, 다른 사람처럼 살아 보기 전에는 그의 인생을 판단하지 마세요.

Talk Sense Quotation

It has been said, my son, that before you criticize a man, you must first walk in his boots.

아들아, 사람을 비판하기 전에는 먼저 그의 부츠를 신고 걸어 봐야 한다는 말이 있단다.

– *Rubes*

Talk Sense Dialogue

Bill Did you hear that Jason declined an offer to go to medical school?

Cindy Why did he do that?

Bill He wants to study Astronomy. I think he's making a big mistake.

Cindy **You shouldn't judge a man until you've walked in his boots.** He might've found his calling in the study of the universe.

Bill But doctors make so much money.

Cindy My uncle's a doctor and he's struggling financially. I admire Jason's decision.

빌 너 제이슨이 의대 갈 기회를 마다했다는 얘기 들었니?
신디 걔 왜 그랬대?
빌 천문학을 공부하고 싶대. 걔 큰 실수하는 것 같은데.
신디 그의 부츠를 신고 걸어 보기 전에는 그 사람을 판단하지 말아야지.
그에게 우주를 공부할 뜻이 있는지도 모르잖아.
빌 하지만 의사들은 돈을 아주 많이 벌잖아.
신디 우리 삼촌이 의사인데 금전적으로 힘들어하셔.
난 제이슨의 결정을 존경해.

criticize 비평하다, 비난하다 **decline** 거절하다 **offer** 제안 **find one's calling** 소명을 발견하다 **struggle** 힘들어하다 **financially** 금전적으로 **admire** 존경하다

046 인간은 빵만으로 살 수 없다

Man does not live by bread alone.

◎ Living only according to your physical needs is not a humane way to live. Psychological and spiritual needs are equally important.

육체의 요구에 따라서만 사는 것은 인간답게 사는 방법이 아닙니다. 심리적이고 정신적인 필요도 마찬가지로 중요합니다.

Talk Sense Quotation

Man does not live by bread alone, but by faith, by admiration, by sympathy.

사람은 빵만이 아니라 믿음, 존경심, 동정심으로 산다.

– the North American Review

Talk Sense Dialogue

Cindy I'm so bored with my life.

Bill Me too. Isn't there something to do?

Cindy We can't live by bread alone. We can't work all the time for an unpromised future, hoping that something good will happen later on.

Bill I feel the same. Let's do something fun right now.

Cindy Yeah! But what?

Bill I see a PC room across the street.

신디 내 인생은 너무 따분해.

빌 나도 그래. 뭐 할일이 없을까?

신디 우린 빵만 먹고 살 순 없어. 나중에 좋은 일이 생길 거라고 기대하면서 약속되지 않은 미래를 위해 항상 일할 수는 없지.

빌 동감이야. 우리 지금 재미있는 걸 하자.

신디 그래! 근데 뭐?

빌 길 건너편에 PC방이 보이네.

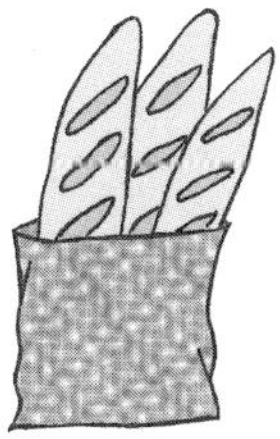

humane 인간적인 **be bored** 심심하다, 따분하다 **unpromised** 약속되지 않은 **future** 미래 **happen** 일어나다, 생기다 **later on** 나중에

047

먹여 주는 사람의 손을 깨물지 말라

Don't bite the hand that feeds you.

◎ Don't cause pain to the person or institution that helps or supports you. Imagine what would've happened if they didn't help you.

당신을 돕거나 지원해 주는 사람 또는 기관에 고통을 주지 마세요. 그들이 당신을 도와주지 않았다면 어땠을지 상상해 보세요.

Talk Sense Quotation

There is much wrong with America, but we are not as bad as the world pictures us. Unfortunately, it is a fact of life to bite the hand that feeds you.

미국이 잘못하는 것도 많지만, 우리는 세계가 바라보는 것만큼 나쁘지는 않습니다. 불행히도, 먹여 주는 사람의 손을 깨무는 게 세상살이인가 봅니다.

– *US News & World Report*

Talk Sense Dialogue

Bill Cindy, I'm so disappointed in you.

Cindy Hey, give me a reason before you bash me.

Bill I'm giving you a warning. Don't bite the hand that feeds you.

Cindy What the hell are you talking about?

Bill I was always your friend. Well, I thought so. I heard that you told Michael that I was annoying to be with.

Cindy No, no. Michael took my word out of context. I'd never say such a thing about you.

빌 신디, 나 너한테 실망했어.

신디 야, 날 비난하기 전에 이유부터 말해.

빌 너한테 경고하는데, 먹여 주는 사람의 손을 깨물지 마.

신디 대체 무슨 얼어 죽을 소리야?

빌 난 항상 너의 친구였어. 아니, 그렇게 생각했어. 그런데 내가 같이 있기에 짜증 나는 사람이라고 네가 마이클한테 말했다는 것을 들었어.

신디 아냐. 마이클이 내 얘기를 와전시켰어.
난 너에 대해서 절대로 그런 말을 하지 않았어.

fact of life 세상살이 **be disappointed** 실망하다 **bash** 욕하다, 비난하다 **what the hell** 얼어죽을, 제기랄 **annoying** 짜증스러운 **to be with** ~와 함께 지내다 **take someone's word out of context** ~의 말을 와전시키다

048 알에서 나오지도 않은 닭을 세지 말라

Don't count your chickens before they're hatched.

◎ Don't expect that your success, victory, or accomplishment is a sure thing until it actually occurs. A result is a fact, not a process.

당신의 성공, 승리 또는 성과를 실제로 일어나기 전까지는 확실한 것으로 기대하지 마세요. 결과는 과정이 아니라 사실입니다.

Talk Sense Quotation

No one should count any chickens just yet, but the prospects that Clarence Thomas will get a new job in the fall are looking up.

아직은 누구든 병아리를 세지는 말아야 하겠지만, 클레런스 토머스가 이번 가을에 새로운 일자리를 얻을 전망이 밝아 보입니다.

– *the Wall Street Journal*

Talk Sense Dialogue

Cindy It's been a while since I've talked to you.

Bill Yeah. Sorry about going off on you like that the last time.

Cindy It's okay. I understand. I just hope that we can be friends again.

Bill Me too. I should've heard the full story before responding to you.

Cindy Maybe Michael was jealous that we were so close.

Bill Um...Cindy, **don't count your chickens before they're hatched.**

신디 너랑 얘기한 지 꽤 됐다.

빌 맞아. 저번에 너한테 그렇게 화내서 미안해.

신디 괜찮아. 이해해. 난 그저 우리가 다시 친구가 되면 좋겠어.

빌 나도 그래. 너한테 대꾸하기 전에 얘기를 다 들었어야 했는데.

신디 어쩌면 마이클이 우리가 너무 가까운 것을 질투했는지도 몰라.

빌 음…신디, 알에서 나오지도 않은 닭을 세지는 마.

it has been a while since ~한 지 상당한 시간이 지나다 **go off on someone** ~한테 화를 내다 **last time** 지난번에 **jealous** 질투하는

049

책을 겉 표지만 보고 판단하지 말라

Don't judge a book by its cover.

◎ Don't judge things or people by their appearance only. You may be attracted at first sight, but don't love at first sight.

사물이나 사람을 겉모습만 보고 판단하지 마세요. 첫눈에 반할 수는 있어도, 첫눈에 사랑에 빠지지는 마세요.

Talk Sense Quotation

When Kenneth counters that you can't tell a book by a cover, she points out, "Yeah, but you can tell how much it's gonna cost."

케네스가 책을 겉 표지만 보고 판단할 수 없다고 반박하자 그녀는 이렇게 지적한다. "그렇지만 가격이 얼마인지는 알 수 있어."

– *the New York Times*

Talk Sense Dialogue

Bill I heard you bought a Chocolate Phone instead of an Anycall. I think that's a mistake. Chocolate Phones look so weak.

Cindy Oh, that's not true. You shouldn't judge a cell phone by its exterior.

Bill But a Chocolate Phone looks like it's made from glass.

Cindy It looks like glass, but it's plastic. It's sturdy.

Bill I see.

Cindy I once threw it out of the window and it didn't even get a scratch.

빌 너 애니콜 대신에 초콜릿폰 샀다며. 그거 실수 같은데. 초콜릿폰은 너무 약해 보여.
신디 아, 그건 사실이 아니야. 외관만 보고 휴대폰을 판단해서는 안 되지.
빌 하지만 초콜릿폰은 유리로 만들어진 것처럼 보여.
신디 유리처럼 보이지만 플라스틱이야. 단단해.
빌 그렇구나.
신디 한번은 창 밖으로 던진 적이 있는데 긁힌 자국도 안 났어.

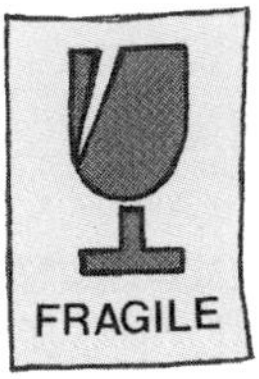

appearance 외관 **counter** 반대하다 **mistake** 실수 **be made from** ~으로 만들어지다 **sturdy** 견고한, 단단한 **scratch** 긁힌 자국

050 추장은 많은데 인디언이 부족하다

Too many chiefs and not enough Indians.

◎ When everybody has his or her own idea on how a job should be done, but nobody listens to one another, the job cannot be done.

모든 사람이 일을 처리하는 방법에 대해 각자의 생각을 갖고 있지만, 아무도 그것에 귀를 기울이지 않으면 그 일을 처리할 수 없습니다.

Talk Sense Quotation

Many businesses have trouble because they have too many chiefs and not enough Indians, that is, they have too many officers who want to do nothing but give orders to others.

많은 사업체가 추장은 많은데 인디언이 부족한 문제점을 안고 있습니다. 다시 말해서 다른 사람들에게 지시를 내리는 것만 하고 싶어하는 관리자가 너무 많다는 뜻이지요.

– *Business Talk*

Talk Sense Dialogue

Cindy I'm thinking about becoming a government employee. What do you think about it?

Bill I'm not sure. I think the government will downsize in the future.

Cindy They can't! How can the government fire its employees?

Bill In Korea, there are too many chiefs and not enough Indians. There are government employees everywhere, even where they are not needed.

Cindy But that's why Korea is safe and clean.

Bill That's a typical bureaucratic point of view. Maybe you're fit for the job.

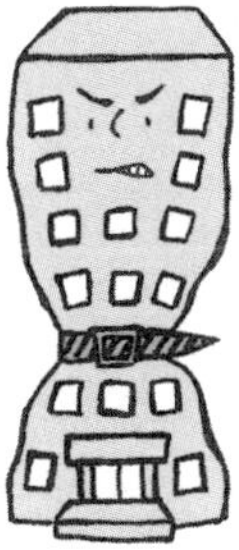

신디 나 공무원이 될 생각을 하고 있어. 어떨까?

빌 잘 모르겠는걸. 앞으로 정부도 인원 감축을 할 것 같아.

신디 그럴 순 없어! 어떻게 정부가 공무원들을 해고시켜?

빌 한국에는 추장은 많은데 인디언이 부족해. 공무원들은 어디나 있어. 심지어는 필요치 않은 곳에도 말이지.

신디 하지만 그러니까 한국이 안전하고 깨끗한 거야.

빌 그건 전형적인 관료주의적 관점이야. 어쩌면 너는 그 일에 어울리는지도 모르겠다.

government employee 공무원 **downsize** 인원 감축, 규모 축소 **fire** 해고하다 **typical** 전형적인 **bureaucratic** 관료적인 **be fit for** ~에 어울리다

051 말을 물가로 데려갈 수는 있어도 물을 먹게 할 수는 없다

You can lead a horse to water, but you can't make him drink.

◎ You cannot force people to do what you think is good for them. Be happy with giving suggestions, not orders.

당신이 생각하기에 사람들한테 좋은 일이라 하더라도 그것을 그들에게 강요할 수는 없습니다. 지시가 아니라 제안하는 것에 만족하세요.

Talk Sense Quotation

You can lead your son to college but you can't make him think.

아들을 대학으로 인도할 수는 있어도 그를 생각하게 만들 순 없다.

– the Jewish Press

Talk Sense Dialogue

Bill I don't know why smokers can't quit smoking despite all the harmful effects. Why can't you quit?

Cindy Hmm...I've seen a lot of anti-smoking advertisements, heard all the bad stories, and felt stupid about not quitting. But you can only lead a horse to water. You can't make him drink.

Bill Every smoker has an excuse.

Cindy I did try to quit seriously a few times, but I can't resist the urge.

Bill You can and you should.

Cindy I appreciate your worries, but I'm not sure about it.

빌 나는 왜 흡연자들이 온갖 해로운 결과에도 불구하고 담배를 못 끊는지 이해할 수 없어. 넌 담배를 왜 못 끊니?

신디 음…수없이 많은 금연 광고를 봤고, 나쁜 얘기를 모두 듣고, 끊지 못해 바보처럼 느껴지기도 했어. 하지만 말을 단지 물가로 데려갈 수만 있지. 그 말에게 물을 마시게 할 수는 없어.

빌 모든 흡연자에게는 핑계가 있지.

신디 몇 번은 진지하게 끊으려고 노력해 보았는데, 충동을 억제할 수 없어.

빌 넌 할 수 있고 또 해야만 해.

신디 걱정해 줘서 고맙지만 할 수 있을지 모르겠어.

📖 **despite** ~에도 불구하고 **harmful effects** 해로운 결과 **quit** 끊다 **anti-smoking** 금연 **advertisement** 광고 **excuse** 핑계 **resist** 저항하다 **urge** 충동 **appreciate** 감사하다

052 절대로라는 말은 절대로 하지 말라

Never say never.

◎ Think positively. Life is full of surprises and even things that seem impossible may indeed happen.

긍정적으로 생각하세요. 인생은 놀라운 일로 가득 차 있으며, 심지어 불가능해 보이는 것이 실제로 일어나기도 합니다.

Talk Sense Quotation

As a child, I was told "never say never." Perhaps this adage should be extended to "never say always."

제가 어렸을 때 "절대로라는 말은 절대로 하지 말라"는 말을 들었습니다. 아마 이 격언은 "언제나라는 말은 절대로 하지 말라"는 것으로까지 확대되어야 할 것입니다.

– *the New York Times*

Talk Sense Dialogue

Cindy Great news! I haven't smoked for a week.

Bill Wow! I'm so happy for you.

Cindy I never thought I could quit even for a day. But here I am counting my seventh day.

Bill How did you do it?

Cindy I had a really sore throat so I couldn't smoke for three days. And I just stopped smoking even after I got well.

Bill Never say never. I knew you'd quit.

신디 좋은 소식이 있어! 나 일주일 동안 담배 안 피웠어.

빌 와! 너무 기쁜 소식이구나.

신디 내가 단 하루라도 끊을 수 있으리라고는 결코 생각하지 않았어.
하지만 지금이 7일째야.

빌 어떻게 했는데?

신디 목이 너무 아파 사흘 동안 담배를 피울 수 없었어.
그리고 목이 낫고 나서도 그냥 끊었지.

빌 절대 못 끊는다고 말하는 게 아니랬지. 네가 끊을 줄 알았어.

for a week 일주일 동안 **even for a day** 단 하루라도 **sore throat** 인두염 **even after** ~을 하고 나서도

053

씹을 수 있는 것보다 많이 입에 물지 말라

Don't bite off more than you can chew.

◎ **Don't overestimate your abilities, don't be overconfident, and don't assume more responsibility than you can handle.**

자신의 능력을 과대평가하지 말고, 지나친 자신감을 가지지 말며, 해낼 수 있는 것보다 많은 책임을 떠맡지 마세요.

Talk Sense Quotation

"Last year, we bit off more than we could chew," Bill Clinton said in a moment of clear-eyed candor. "This year, let's work together, step by step, to get something done."

"지난해에 우리는 씹을 수 있는 것보다 많이 입에 물었습니다." 빌 클린턴이 눈을 반짝이며 솔직하게 말했다. "올해는 우리 모두 함께 노력하면서 차근차근 무엇인가를 이루어 나갑시다."

– *the New York Times*

Talk Sense Dialogue

Bill I have a grand plan for this summer.

Cindy I can't wait to hear.

Bill I'm going to get a driver's license, attend a computer academy, and make a girlfriend.

Cindy Isn't that too much? You should bite off what you can chew.

Bill Then what should I give up?

Cindy The last one.

빌 이번 여름을 위해 근사한 계획을 세웠어.

신디 어서 말해 봐.

빌 운전면허를 따고, 컴퓨터 학원에 다니며, 여자 친구도 사귈 거야.

신디 그거 너무 많은 거 아냐? 씹을 수 있는 만큼만 입에 물어.

빌 그럼 뭘 포기할까?

신디 마지막 거.

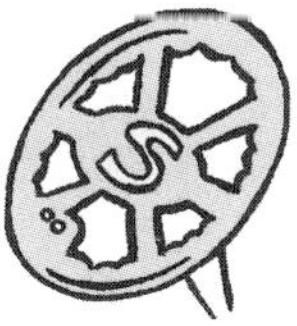

assume (책임을) 지다 **handle** 다루다 **clear-eyed** 눈이 반짝이는 **candor** 솔직함 **grand** 웅대한 **academy** 학원 **give up** 포기하다

054 죽은 자를 험담하지 말라

Don't speak ill of the dead.

◎ Show respect for the dead by ceasing to pass judgment on them. Remember their good deeds and forgive their evil ones.

죽은 자에 대한 판단을 유보함으로써 예우해 주세요. 그들의 좋은 행실을 기억하고, 나쁜 행실은 용서해 주세요.

Talk Sense Quotation

Justice Marshall has been uncommonly direct in his negative comments about political figures. He had this to say about President Bush: "It's said that if you can't say something good about a dead person, don't say it. Well, I consider him dead."

대법원 판사 마셜은 정치인들에 대해 보기 드물게 직설적인 표현으로 부정적인 언급을 해왔다. 부시 대통령에 대해서는 이런 말을 했다. "죽은 자에 대해서 좋은 말을 할 수 없으면 말을 하지 말라는 격언이 있습니다. 그래서 전 그가 죽었다고 생각하렵니다."

– the New York Times

Talk Sense Dialogue

Cindy I wish our country was stronger.

Bill Even Americans think that.

Cindy Each time there's an international dispute, Korea always takes the back seat. Historically, we've always been weak. It's all because of our forefathers.

Bill Don't speak ill of the dead. Would you want the future generations blaming us for their problems?

Cindy Not really.

Bill Then why are you blaming those who came before us?

신디 우리나라가 더 강했으면 좋겠어.
빌 미국인들도 그런 생각을 하는걸.
신디 국제적인 분쟁이 있을 때마다 한국은 항상 뒷좌석에 앉게 되지. 역사적으로 우리는 항상 약했어. 다 우리 조상들 때문이야.
빌 죽은 자를 험담하지 마. 넌 후손들이 자기들 문제 때문에 우리를 탓하면 좋겠어?
신디 그건 아니야.
빌 그럼 넌 왜 우리 이전의 사람들을 탓하냐?

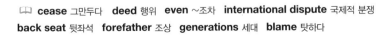

cease 그만두다 **deed** 행위 **even** ~조차 **international dispute** 국제적 분쟁 **back seat** 뒷좌석 **forefather** 조상 **generations** 세대 **blame** 탓하다

055 개는 항상 자기가 토한 자리로 돌아간다

The dog always returns to his vomit.

◎ A person returns to the scene of his or her crime out of guilt or guilty pleasure. If you must vomit, do it in the toilet.

사람은 죄책감이나 사악한 쾌감 때문에 자기가 죄를 범한 곳으로 돌아갑니다. 토해야 할 경우에는 변기에다 하세요.

Talk Sense Quotation

O. J. Simpson is reported to have attended Nicole's funeral. It's a case of the dog returning to his vomit or, to put it bluntly, to the scene of his double murder.

O. J. 심슨이 니콜의 장례식에 갔다고 합니다. 그것은 자기가 토한 자리로 돌아가는 개와 같은 경우이며, 직설적인 표현을 쓰자면 자기가 이중살인을 한 현장으로 돌아간 셈입니다.

– *New York Post*

Talk Sense Dialogue

Bill I caught the person who stole my wallet at the library.

Cindy How did you do that?

Bill I saw him take out a wallet from somebody's bag at the same spot where I lost mine.

Cindy That's an amazing story. I heard that the dog always returns to his vomit.

Bill And I believe that too.

Cindy I'm happy for you.

빌 도서관에서 내 지갑을 훔쳐간 사람을 잡았어.
신디 어떻게?
빌 내 지갑을 잃어버린 자리에서 그 남자가 다른 사람의 가방에서 지갑을 꺼내는 것을 봤어.
신디 그거 놀라운 얘기네. 개는 항상 자기가 토한 자리로 돌아간다는 얘기를 들었는데.
빌 나도 그걸 믿어.
신디 잘됐네.

scene (사건·이야기의) 현장 **vomit** 구토; 토하다 **funeral** 장례식 **bluntly** 솔직하게 **wallet** 남성용 지갑 (여성용 지갑은 purse) **take out** 꺼내다, 빼다 **spot** 위치, 자리 **amazing** 놀라운

056 부엌이 더우면 부엌에서 나가라

If you can't stand the heat, get out of the kitchen.

◎ If you can't tolerate the pressures of a particular situation, remove yourself from that situation or leave it to those who can handle it.

특정 상황의 부담감을 참을 수 없다면 그 상황에서 벗어나거나 그것을 처리할 수 있는 사람에게 맡기도록 하세요.

Talk Sense Quotation

I said to him, "Mr. Baker, do you ever get writer's block?" He showed his famous white teeth and said, "The day I can't stand the heat, I'll get out of the kitchen."

"베이커 씨, 언젠가 글을 쓰다가 꽉 막힌 적이 있습니까?"라고 내가 물었다. 그는 자신의 잘 알려진 하얀 이를 보이며 말했다. "열기를 참을 수 없는 날이 되면 부엌에서 나가겠다."

– *the New York Times*

Talk Sense Dialogue

Cindy Why are there so many people in the street? This is annoying.

Bill What do you expect from Gangnam Station? If you can't stand the heat, you should get out of the kitchen.

Cindy But today's a weekday, and it's 3 pm. It shouldn't be as crowded like this.

Bill I know. Others might say the same thing because of us.

Cindy Should we go somewhere else?

Bill Up to you.

신디 거리에 왜 이렇게 사람들이 많지? 이거 성가시네.
빌 강남역에서 뭘 바라니? 부엌이 더우면 부엌에서 나가야지.
신디 하지만 오늘은 주중이고 지금은 오후 3시잖아.
이렇게 붐비지 않는데.
빌 알아. 다른 사람들도 우리 때문에 그런 말을 할지 몰라.
신디 다른 데 갈까?
빌 네 마음대로 해.

tolerate 견디다, 참다 **annoying** 성가신 **expect** 기대하다 **weekday** 주중 **crowded** 붐비는 **because of** ~ 때문에 **up to you** 네 마음대로 해라

057

계란을 깨지 않고서는 오믈렛을 만들 수 없다

You can't make an omelet without breaking eggs.

◎ One cannot accomplish something worthwhile without some sacrifices, but sometimes sacrifices reap big rewards.

가치 있는 일을 하기 위해서는 희생을 감수해야 합니다만, 때로는 희생이 큰 보상을 가져다 주기도 합니다.

Talk Sense Quotation

Some people will be hurt by progress. But that is unavoidable. You can't make an omelet without breaking eggs.

진보에 의해 타격을 받는 사람들이 있을 것입니다. 하지만 그것은 어쩔 수 없는 일입니다. 계란을 깨지 않고선 오믈렛을 만들 수 없습니다.

– Robert Moses, The Power Broker

Talk Sense Dialogue

Bill I had no idea that driving was so difficult.

Cindy Why do you say that?

Bill I scratched my family's car so many times while parking. My dad is mad at me.

Cindy Isn't rear parking so difficult? Everybody has his or her trial and error phase. Don't worry too much. You can't make an omelet without breaking eggs.

Bill I scratched our car while front parking. I'm such a terrible driver.

Cindy Hmm... Maybe you shouldn't be driving.

빌 운전하는 게 이렇게 힘든 건지 몰랐어.

신디 왜 그런 말 하는데?

빌 주차할 때 우리 집 차를 너무 많이 긁었어. 우리 아빠 나한테 화나셨어.

신디 뒤로 주차하는 거 정말 어렵지 않냐? 누구나 시행착오를 겪는 시기가 있지. 너무 걱정 마. 계란을 깨지 않고선 오믈렛을 만들 수 없잖아.

빌 난 앞으로 주차하면서 우리 집 차를 긁었어. 난 운전을 너무 못해.

신디 흠… 너 운전하지 말아야겠다.

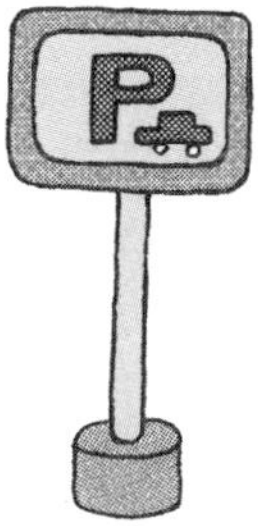

reap (보답을) 받다 **have no idea that** ~인 줄 생각하지 못하다 **scratch** 긁다 **be mad at** ~에게 화내다 **rear** 뒤에, 뒤로 **trial and error** 시행착오 **phase** 시기 **front** 앞에, 앞으로

058

현명한 사람이 7년 걸려 대답할 수 있는
것보다 많은 질문을 바보는 1시간에 한다

A fool can ask more questions in an hour than a wise man can answer in seven years.

◎ People with little knowledge should hold their tongues. Asking questions is not a sign of intelligence; answering questions is.

아는 것이 거의 없는 사람들은 말을 아껴야 합니다. 질문하는 것이 아니라 질문에 대답하는 것이 지성의 표시입니다.

Talk Sense Quotation

Professor: A fool can ask more questions than a wise man can answer.

Student: No wonder so many of us flunk in our exams!

교수: 바보는 현명한 사람이 대답할 수 있는 것보다 많은 질문을 한단다.

학생: 우리 가운데 대부분이 시험을 망치는 이유가 있었군요!

– a popular joke

Talk Sense Dialogue

Cindy I had a blind date from hell.

Bill Most blind dates are. What was the problem this time?

Cindy He talked too much. He asked all kinds of questions, the whole series from my past to future. And I didn't even want to answer a tenth of his questions.

Bill Like they say, a fool can ask more questions in an hour than a wise man can answer in seven years.

Cindy Exactly. That's why after only an hour I told him I had to leave.

Bill That's kind of cold. Maybe he was really interested in you.

신디 나 끔찍한 소개팅을 했어.

빌 대부분의 소개팅이 그렇지. 이번엔 무슨 문제였는데?

신디 그 남자가 말이 너무 많았어. 내 과거부터 미래까지 자잘한 질문들을 전부 다 물어 보더라. 그 질문들의 10분의 1도 대답하고 싶지 않았어.

빌 현명한 사람이 7년 걸려 대답할 수 있는 것보다 많은 질문을 바보는 1시간에 한다는 말이 있잖아.

신디 맞아. 그래서 1시간 뒤 가야겠다고 말했어.

빌 그건 좀 냉정하네. 어쩌면 그가 너한테 정말 관심이 있었는지도 모르잖아.

flunk (시험을) 잡치다 **all kinds of** 모든 종류의, 자잘한 **whole series** 전부 다 **a tenth** 10분의 1 **like they say** 흔히 말하듯 **kind of** 좀, 약간

059 거지는 선택할 권리가 없다

Beggars can't be choosers.

◎ When a person has nothing, he or she must accept whatever help is offered. One should not be picky if one gets something for free.

아무것도 가진 것이 없을 때는 어떤 도움도 달게 받아야 합니다. 공짜로 받으면서 깐깐하게 굴면 안 됩니다.

Talk Sense Quotation

"Want me to check?" Tom asked.
"Yeah, I guess so. Beggars can't be choosers, can they?"

"내가 확인을 해볼까?" 톰이 물었다.
"그래, 그러렴. 구걸하는 자가 선택할 수 있는 건 아니잖아."

– *Stephen King, The Stand*

Talk Sense Dialogue

Bill I used a free salad coupon at a bar, but the salad tasted so bad.

Cindy Why was it bad?

Bill The dressing tasted like a combination of mayonnaise and water.

Cindy Yuk! But since it was free, you didn't have to eat it.

Bill That's not the point. Even if it's free, it should taste good.

Cindy You know that beggars can't be choosers.

빌 술집에서 공짜 샐러드 쿠폰을 썼는데 샐러드가 너무 맛이 없었어.
신디 왜 맛이 없었는데?
빌 드레싱이 마요네즈에 물을 섞어 놓은 맛이었어.
신디 우웩! 하지만 공짜였으니까 굳이 먹을 필요는 없었잖아.
빌 그게 요점이 아니지. 공짜라도 맛은 있어야지.
신디 거지는 선택할 권리가 없다는 걸 알잖아.

picky 까다롭게 구는 **for free** 무상으로 **bar** 술집 **dressing** 드레싱 **since** ~하니까 **point** 요점 **taste** 맛이 나다

060 반짝거린다고 모두 금은 아니다

All that glitters is not gold.

◎ Some things are not as valuable as they appear to be. The appearance of a thing or a person can be deceptive.

겉으로 보이는 만큼의 가치가 없는 것이 있습니다. 사물이나 사람의 겉모양은 속임수일 수 있습니다.

Talk Sense Quotation

Prince of Morocco: All that glistens is not gold; Often have you heard that told.

모로코의 왕자: 반짝거린다고 다 금은 아닐지니. 너는 그 말을 익히 들었으리라.

– Shakespeare, The Merchant of Venice, Act II, Scene VII

Talk Sense Dialogue

Cindy I wish that I lived in Gangnam. That's where the rich people live.

Bill That's partially true. I know some people who live there, and they are not rich at all.

Cindy Really? Isn't the real estate price really expensive?

Bill There are cheap places to live even in Gangnam.

Cindy I had no idea.

Bill All that glitters is not gold.

신디 나 강남에 살았으면 좋겠다. 거기에 부자들이 살잖아.

빌 그건 부분적으로 맞는 말이지.
내가 거기 사는 사람들을 좀 아는데 전혀 부자가 아닌걸.

신디 정말? 거기 집값 진짜 비싸지 않아?

빌 강남에서도 싼 데서 살 수 있어.

신디 전혀 몰랐네.

빌 반짝거린다고 다 금은 아니지.

glitter 반짝반짝 빛나다 (**= glisten**) **deceptive** 속이는 **partially** 부분적으로 **not at all** 전혀 ~ 않다 **real estate** 부동산 **cheap** 싼, 저렴한

041 **Student:** Did you hear the news that there's water on Mars? I think there could be aliens living there.
Friend: I'm not sure if that's a good reason enough to say there would be aliens. 제비 한 마리가 왔다고 여름이 된 것은 아니지. We should wait for more news.

---

042 **Daughter:** Mom, can I get some money to buy clothes?
Mother: I gave you an allowance last week. What happened?
Daughter: I used the money to buy a bottle of perfume. I need more money.
Mother: Young lady, 돈은 나무에서 자라지 않는단다. I cannot give you money every time you need it.

---

043 **Student:** The only school that I want to go to is Seoul National University. I plan to apply to no other school.
Academic advisor: Well, 계란을 한바구니에 다 담아서는 안 돼. You should have other choices in case you get rejected.
Student: If I get rejected, I will apply again next year.

---

044 **Child:** Mommy, there's only one present that I like among my birthday presents. Can I return the other gifts for something better?
Mother: You shouldn't say that about a gift. How would you feel if somebody said that about a gift you prepared.
Child: I wouldn't feel good.
Mother: That's right. 선물로 받은 말의 입을 들여다봐서는 안 된단다.

학생: 화성에 물이 있다는 뉴스 들었니? 거기에 외계인이 살고 있을지 모른다고 생각해.
친구: 그것 때문에 외계인이 있을 것이라고 말할 수 있을지 모르겠다. One swallow does not make a summer. 더 많은 소식을 기다려야지.

📖 **alien** 외계인 **a good reason enough to say** ~라고 말할 수 있을 만큼 좋은 이유 **further news** 뒤따르는 소식, 속보

딸: 엄마, 옷 사게 돈 좀 주세요.
어머니: 지난주에 용돈을 줬잖아. 어떻게 된 거니?
딸: 그 돈으로 향수를 샀어요. 돈이 더 필요해요.
어머니: 얘야, money does not grow on trees. 네가 필요할 때마다 돈을 줄 순 없어.

📖 **allowance** 용돈 **every time** ~할 때마다

학생: 제가 가고 싶은 학교는 서울대학교뿐입니다. 다른 학교에는 지원할 계획이 없습니다.
진학 상담가: 글쎄, you shouldn't put all your eggs in one basket. 떨어질 것에 대비해서 다른 선택이 있어야지.
학생: 떨어진다면 내년에 다시 지원할 겁니다.

📖 **apply to** ~에 지원하다 **in case** ~할 경우 **choice** 선택 **get rejected** 거부되다

아이: 엄마, 내가 받은 생일 선물들 중에서 마음에 드는 것은 하나밖에 없어. 다른 선물들을 반품시키고 더 좋은 걸로 바꿀 수 있을까?
어머니: 선물에 대해서 그렇게 말해서는 안 된다. 네가 준비한 선물에 대해서 누군가가 그렇게 말하면 기분이 어떨 것 같니?
아이: 기분이 좋지 않을 거예요.
어머니: 그렇지. Don't look a gift horse in the mouth.

📖 **birthday present** 생일 선물

Talk Sense Review

045 **Office worker:** I don't understand how our boss got promoted again. He's so quiet and gentle. What do others see in him?
Co-worker: You should see him in business meetings. He completely changes. He's very charismatic when he tries to convince somebody.
Office worker: I had no idea he was like that. 어떤 사람의 부츠를 신고 걸어 보기 전에는 그를 판단하지 말아야겠구나.

046 **Professor:** I understand that most of you enter college with one thing in mind; how to get a good job. I am not condemning those who have that in mind. But I would like to say that 인간은 빵만으로 살 수는 없다. Being a college student is a wonderful opportunity to explore your potentials. Take some time off from pursuing the career-oriented activities and indulge in what sparks your interest. Usually, people will find what they want to do with their lives from the things they enjoy.

047 **Wife:** I got a job offer today. This other company is willing to give me a 30% salary increase for the same working hours. Do you think I should take their offer?
Husband: That's good news, but 먹여 주는 사람의 손을 깨물어서는 안 된다고 생각해. You started your career with your current employer and I think they treat you with respect. Your boss would be extremely disappointed if you worked for a competitor.
Wife: I guess you have a point. I'll give it further thought.

사무직 근로자: 우리 상사가 어떻게 승진했는지 이해하지 못하겠네. 너무 조용하고 얌전하잖아. 다른 사람들은 그를 어떻게 보는 거지?
동료 직원: 그분이 비즈니스 미팅을 할 때 봐야 해. 사람이 완전히 달라져. 누군가를 확신시키려고 할 때 굉장히 카리스마가 넘쳐.
사무직 근로자: 그런 줄은 전혀 몰랐네. I shouldn't judge a man until I've walked in his boots.

get promoted 승진하다 **completely** 완전히 **charismatic** 카리스마가 있는

교수: 여러분 대부분이 '어떻게 하면 좋은 직장을 구할 것인가' 라는 한 가지 생각으로 대학교에 입학했다는 것을 이해합니다. 그렇게 생각하는 사람들을 내가 비난하고 있는 것은 아닙니다. 하지만 man does not live by bread alone 라는 말을 하고 싶습니다. 대학생이 됐다는 것은 자신의 잠재력을 탐구해 볼 아주 좋은 기회입니다. 장래성 중심의 활동을 추구하는 것에서 잠시 벗어나 자신의 관심을 끄는 분야에 매진해 보기 바랍니다. 사람들은 보통 자기가 즐기는 것 자기 인생에서 하고 싶은 일을 찾습니다.

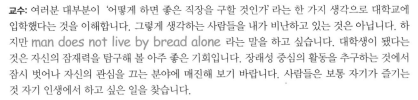

in mind 염두에 두는 **condemn** 비난하다 **explore** 탐구하다 **potential** 잠재력 **take some time off from** ~에서 잠시 벗어나다 **pursue** 추구하다 **career-oriented** 장래성 중심의 **indulge in** ~에 몰두하다 **spark** 자극시키다

부인: 나 오늘 직장 제의를 받았어. 이 회사에서는 같은 시간을 일하는데도 급료를 30% 올려 주려고 해. 그 제의를 받아들여야 할까?
남편: 그거 좋은 소식이지만, I don't think you should bite the hand that feeds you. 당신은 지금 다니는 회사에서 직장 생활을 시작했고, 그들이 당신을 존중해 주고 있다고 생각해. 당신이 경쟁사에서 일하면 당신 상사가 굉장히 실망할 거야.
부인: 그거 말이 되네. 좀더 생각해 볼게.

be willing to 기꺼이 ~하려고 하다 **salary increase** 급료 인상 **current** 현재의 **employer** 고용주, 고용하고 있는 회사 **treat** 대우하다 **extremely** 지극히 **be disappointed** 실망하다 **competitor** 경쟁자, 경쟁 회사

---

048 **Son:** Mom, I think I did really well on the exams. Could you buy me the sneakers you promised?
Mother: Why can't you wait until you get your report card?
Son: I'd like to have new sneakers now.
Mother: Well, 우리 알에서 나오지도 않은 닭을 세지는 말자. I will buy you a new pair of sneakers after I see your report card.

---

049 **Man:** The lady you introduced to me last night was really beautiful. Does she have a boyfriend?
Friend: No, she doesn't.
Man: I'm interested in her, but I'm worried because she wore designer wear from top to bottom.
Friend: Why does that worry you?
Man: Because I'm poor and she seems like she would only be interested in rich guys.
Friend: Don't worry. Go for it. She's actually poor. 옷을 보고 여자를 판단해서는 안 되지.

---

050 **Office worker:** Our company is going through some major changes.
Friend: What's happening?
Office worker: The CEO thinks 추장은 많은데 인디언이 부족하다, so he is cutting back on the managerial staff and hiring more low-level workers.
Friend: That sounds like an efficient plan.

아들: 엄마, 나 시험을 정말 잘 본 것 같아. 엄마가 약속한 운동화를 사줄 수 있어?
어머니: 성적표를 받을 때까지 왜 기다리지 못하니?
아들: 지금 운동화를 갖고 싶으니까.
어머니: 있잖아, let's not count the chickens before they're hatched. 너의 성적표를 본 다음에 새 운동화를 사줄게.

📖 **do well** 잘하다 **report card** 성적표

남자: 네가 어제 소개시켜 준 여자 정말 예뻤어. 남자 친구는 있대?
친구: 아니, 없어.
남자: 그녀한테 관심은 있지만, 그녀가 머리부터 발끝까지 명품을 입어서 걱정이야.
친구: 그게 왜 걱정이지?
남자: 난 가난한데 그녀가 돈 많은 남자한테만 관심이 있을 것 같아서 말이야.
친구: 걱정하지 마. 도전해 봐. 사실 그녀는 가난해. Don't judge a woman by her clothes.

📖 **be interested in** ~에 관심이 있다 **designer wear** 디자이너의 이름이 알려진 명품 의상 **from top to bottom** 머리부터 발끝까지 **go for it** 도전하다

사무직 근로자: 우리 회사는 큰 변화를 겪고 있어.
친구: 무슨 일인데?
사무직 근로자: CEO가 we have too many chiefs and not enough Indians 라고 생각해, 그래서 매니저급 직원들을 자르고 하급 직원들을 더 고용하고 있어.
친구: 그거 효율적인 계획처럼 들리는걸.

📖 **go through** ~을 겪다 **CEO** 최고 경영자(Chief Executive Officer) **cut back** (나뭇가지 따위를) 치다 **managerial staff** 간부급 직원

Talk Sense Review

051 **Mother:** Why is our son quitting school to become an actor? I'm depressed. Can't you stop him?
Father: He's old enough to be responsible for himself. I respect his decision. 말을 물가에 데려갈 수 있어도 물을 먹일 수는 없지.
Mother: But what kind of career will he have? He's not even that good-looking!
Father: Actually, I think he has more talent as a comedian, but I'm sure he'll find his own way.

---

052 **Football coach:** We will play against last year's winning team tomorrow. Is everybody prepared for the game?
Players: Yeah...
Football coach: I can't hear you. What's wrong? Is everybody prepared for the game?
Players: Yes!
Football coach: That's better. I know it'll be a tough game, but 절대로라는 말은 절대로 하지 마라. Give your best and remember that the ball is round.

---

053 **Manager:** Over the last three months, we have invested in various commodities but had less than expected returns. Our focus this month is increasing our profits while decreasing our investments. 우리가 씹을 수 있는 것보다 많이 입에 물지 맙시다. Instead of reporting financial plans on future investments, I want you people to write reports on how to increase the profit margins.

어머니: 왜 우리 아들이 학교를 그만두고 배우가 되려는 것이지? 나 우울해. 당신이 걔를 말릴 수 없어?

아버지: 그 아이는 스스로 책임질 수 있는 나이가 됐어. 난 녀석의 결정을 존중해. You can lead a horse to water, but you can't make him drink.

어머니: 하지만 걔의 장래가 어떻게 되겠어? 걔가 그렇게 잘생긴 것도 아니잖아!

아버지: 사실 난 그 녀석이 코미디언으로서 더 재능이 있다고 생각하지만, 자기 갈 길을 스스로 찾겠지.

📖 **quit** 그만두다 **be responsible for** ~의 책임을 지다 **respect** 존중하다 **career** 진로 **good-looking** 잘생긴

축구 코치: 우리는 내일 작년 우승팀과 대전할 것이다. 모두 그 경기에 대한 준비가 됐나?

선수들: 예….

축구 코치: 목소리가 안 들린다. 뭐가 잘못됐지? 모두 그 경기에 대한 준비가 됐나?

선수들: 예!

축구 코치: 훨씬 낫군. 어려운 경기가 되리라는 것은 알지만, never say never. 최선을 다하고 공은 둥글다는 사실을 명심해라.

📖 **play against** ~와 대전하다 **give one's best** 최선을 다하다

매니저: 지난 3개월 동안 우리는 다양한 상품에 투자했지만, 기대했던 것보다 적은 수익을 올렸습니다. 이번 달 우리의 초점은 투자를 줄이면서 이익을 증대하는 것입니다. Let's not bite off more than we can chew. 여러분의 미래의 투자에 대한 재무 계획 보고서 대신에 차익을 증대시킬 방법에 대한 계획서를 작성하기 바랍니다.

📖 **invest** 투자하다 **commodity** 상품 **return** 수익, 이윤 **profit** 이윤 **financial** 재무적인 **profit margin** 차익

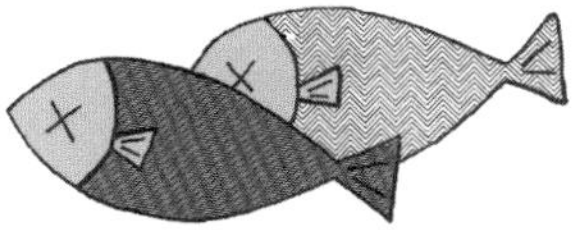

---

054 **Christian:** It is not right for Koreans to observe Chuseok rituals since it is essentially observing our ancestors' spirits. We should not have rituals for human beings, as the Bible says.
Atheist: 죽은 자를 험담해서는 안 됩니다. What's wrong with paying our respects to our ancestors? The Bible's culture is based on the Middle East. Chuseok rituals are based on the culture of Korea.
Christian: The Bible is based on God's words, so it has no relation with human culture.
Atheist: That's an absurd idea. Even God should respect culture.

055 **Student:** Can you believe that Woo-suk stole money from his classmate again? What's wrong with him?
Friend: I heard that news. That's a terrible thing to do. 개는 항상 자기가 토한 자리로 돌아간다는 말이 있지.
Student: He's going to have no friends if he doesn't change his behavior. I feel sorry for him.

056 **Academy teacher:** We are going to divide the class into Intense Class and Regular Class starting next month. If you are satisfied with your curriculum right now, register for the Regular Study class. If you would like to be in an Intense Study class, talk with me after class. Basically, the Intense Study class will meet five times a week from six to ten. 더위를 참을 수 없다면 부엌에 들어올 생각을 해서는 안 된다.

기독교인: 한국 사람들이 추석 때 차례를 지내는 것은 본질적으로 조상의 영혼을 기리는 것이기 때문에 옳은 것은 아닙니다. 우리는 성경 말씀대로 인간을 위해 제사를 지내면 안 됩니다.
무신론자: You shouldn't speak ill of the dead. 우리의 조상에게 공경의 마음을 표시하는 게 뭐가 잘못된 일입니까? 성경의 문화는 중동 지역에 바탕을 둔 것입니다. 추석의 차례는 한국의 문화에 바탕을 둔 것이고요.
기독교인: 성경은 하나님의 말씀에 근거를 둔 것이므로 인간의 문화와는 무관합니다.
무신론자: 그거 이상한 발상이군요. 하나님일지라도 문화를 존중해 줘야 합니다.

📖 **observe ritual** 제사를 지내다 **essentially** 본질적으로 **pay respect** 공경의 뜻을 표시하다 **be based on** ~에 바탕을 두다

학생: 우석이가 또 자기 반 학생의 돈을 훔쳤다는 게 믿어지니? 걔는 뭐가 잘못됐을까?
친구: 나도 그 소식 들었어. 그것 참 사람이 할 짓이 아닌데. As they say, the dog always returns to his vomit.
학생: 걔는 행동을 바꾸지 않으면 친구가 없을 거야. 참 불쌍하다는 생각이 들어.

📖 **be going to** ~할 것이다 **behavior** 행동, 행태

학원 강사: 다음 달부터 반을 집중반과 보통반으로 나눌 것이다. 현재의 교육 과정에 만족한다면 보통반에 등록하면 된다. 집중반에 들어가고 싶다면 수업이 끝나고 나에게 이야기를 해라. 기본적으로 집중반은 일주일에 다섯 번씩 6시부터 10시까지 만나게 될 것이다. If you can't stand the heat, don't think about coming into the kitchen.

📖 **divide ~ into** ~을 ~로 나누다 **be satisfied with** ~에 만족하다 **right now** 바로 지금 **would like to** ~하고 싶다

Talk Sense Review

057 **Investor:** Do you think we should invest in some venture stocks? The market is at a low point right now.
Partner: I think it's too risky to invest in venture stocks right now, but we sure need to increase our profit margins.
Investor: 계란을 깨뜨리지 않고선 오믈렛을 만들 수 없지. We don't have enough capital to invest in blue chips. Let's go ahead and buy venture stocks.

---

058 **Student:** Why do you think our teacher never answers the questions I ask?
Friend: Maybe he thinks your questions are unreasonable.
Student: But shouldn't a teacher answer the questions coming from a student?
Friend: Not always. 현명한 사람이 7년 걸려 대답할 수 있는 것보다 많은 질문을 바보는 1시간 안에 할 수 있거든.

---

059 **Kid:** I see you have candy in your pocket. Give me some.
Friend: Okay. I'll give you a lemon candy.
Kid: No, I want a cherry candy. If you tear the whole thing, you'll find a cherry candy.
Friend: I can't do that for you. I have to eat one by one.
Kid: Come on, give me a cherry candy.
Friend: Hey, 거지는 선택할 권리가 없어. It's a lemon candy or none.

---

060 **Lady:** I want to marry a doctor and live a wealthy life style.
Friend: 반짝인다고 모두 금이 아니야. Not all doctors are rich. I have a friend who's under a lot of debt even though he's a doctor.
Lady: Really?
Friend: Yeah. And most doctors expect a woman to bring three keys for marriage; a house key, a car key, and a hospital key. Most people are poor because they work to earn those keys. Who wouldn't be rich if they already had those keys?
Lady: I never thought about it like that. Thanks for your advice.

투자가: 우리가 벤처 주식에 투자해야 할까? 시장이 지금 가라앉았는데.
동업자: 지금 벤처 주식에 투자하기에는 너무 위험하다는 생각이 들지만, 우리가 차익을 올려야 할 필요는 분명히 있어.
투자가: We can't make an omelet without breaking eggs. 우량주에 투자하기에는 자본금이 충분하지가 않아. 그래, 벤처 주식을 사도록 하자.

📖 **invest in** ~에 투자하다 **venture stock** 벤처기업의 주식 **profit margin** 차익 **capital** 자본 **blue chip** 우량주 **let's go ahead** (그렇게) 하기로 하자

학생: 왜 선생님은 내가 묻는 질문에 한 번도 대답하지 않는 것일까?
친구: 선생님은 네 질문이 이치에 맞지 않다고 생각하나 봐.
학생: 하지만 선생님이라면 학생이 묻는 질문에 대답해야 하지 않을까?
친구: 항상 그런 것은 아니야. A fool can ask more questions in an hour than a wise man can answer in seven years.

📖 **unreasonable** 이치에 맞지 않은 **not always** 항상 그렇지는 않다

아이: 네 주머니에 사탕이 있네. 나 좀 줘.
친구: 그래. 레몬 캔디를 하나 줄게.
아이: 아니, 난 체리 캔디 먹을래. 그걸 다 뜯으면 체리 캔디를 찾을 수 있을 거야.
친구: 널 위해 그럴 순 없어. 난 하나씩 먹어야 돼.
아이: 제발 체리 캔디를 줘.
친구: 야, beggars can't be choosers. 레몬 캔디를 받든가 말든가.

📖 **whole** 전체의 **one by one** 하나씩 **none** 아무것도 ~않다

숙녀: 나 의사랑 결혼해서 부유하게 살고 싶어.
친구: All that glitters is not gold. 모든 의사가 부자인 건 아니야. 나한테 친구가 있는데 비록 의사지만 빚을 많이 지고 있어.
숙녀: 정말?
친구: 그래. 그리고 대부분의 의사들은 결혼할 때 여자가 세 개의 열쇠를 가져오기를 기대해. 집 열쇠, 자동차 열쇠, 그리고 병원 열쇠. 대부분의 사람들은 그 열쇠들을 얻기 위해 일을 하니까 가난해. 그 열쇠가 이미 있다면 누군들 부자가 아니겠니?
숙녀: 그렇게 생각해 본 적이 없었어. 조언해 줘서 고마워.

📖 **wealthy life style** 부유한 생활 방식 **even though** 비록 ~일지라도

깨달음과 감동은 마음이 움직일 때 일어납니다. 마지막으로 마음이 움직였을 때가 언제였는지 기억하나요? 혹시 기억이 안 난다면 매일 조금씩 이번 장에 있는 표현들을 읽어 보면서 지난 일을 되돌아보면 어떨까요?

필자는 미국에서 공부하며 한국에 있는 가족들을 생각할 때 늘 **Absence makes the heart grow fonder**(떨어져 있으면 애틋함이 깊어진다)라는 말이 생각납니다. 그리고 남에게서 친절함을 선물로 받을 때는 **Flowers leave fragrance in the hand that bestows them**(꽃을 건네주는 손에는 꽃 향기가 남는다)이라는 표현이 떠오릅니다.

여러분은 어떤 순간에 깨달음과 감동이 오나요? 분명 이번 장 안에 포함된 격언들 중 한두 개쯤은 여러분의 가슴 깊은 곳을 파고들 것입니다.

4

깨달음과 감동
Now I Know

061 꽃을 건네주는 손에는 꽃 향기가 남는다

Flowers leave fragrance in the hand that bestows them.

◎ Be generous about helping others and don't expect returns. The donor benefits from the gift as much as the recipient.

다른 사람들을 도와주는 데 너그러우며, 보답을 기대하지 마세요. 선물을 주는 사람도 선물을 받는 사람만큼 혜택을 받습니다.

Talk Sense Quotation

Artists find joy in giving beauty to others. There is truth in the saying, "Flowers leave part of their fragrance in the hand that bestows them."

예술가는 남에게 아름다움을 주는 것에 기쁨을 느낍니다. '꽃을 건네주는 손에는 꽃 향기가 남는다'는 격언에는 진실이 담겨 있습니다.

– *Reader's Digest*

Talk Sense Dialogue

Kevin I was moved by the lunch you made for me.

Olivia Oh, honey. You don't need to say that.

Kevin The tuna salad was exceptional. Everybody complimented my lunch box.

Olivia I can make it every day, if you want.

Kevin That's okay, honey. I always feel your love because flowers leave fragrance in the hand that bestows them.

Olivia Honey, would you like to smell my hands?

케빈 당신이 날 위해 만들어 준 점심 때문에 감동 받았어.

올리비아 오, 자기야. 그런 말 안 해도 되는데.

케빈 참치 샐러드가 너무 맛있었어. 모든 사람들이 내 도시락을 칭찬했어.

올리비아 원한다면 매일 만들어 줄 수 있어.

케빈 아냐, 괜찮아 자기야. 꽃을 건네주는 손에는 꽃 향기가 남기 때문에 난 항상 당신의 사랑을 느껴.

올리비아 자기야, 내 손 냄새 맡아 볼래?

fragrance 향기 **bestow** 건네다 **doner** 기증자 **benefit** 이익을 얻다 **recipient** 수납자 **be moved** 감동을 받다 **lunch** 점심 **exceptional** 매우 뛰어난 **compliment** 칭찬하다

062 사랑하다가 사랑을 잃은 것이 사랑을 한 번도 안 해본 것보다 낫다

It is better to have loved and lost than never to have loved at all.

◎ The pleasures of love are still greater than the pain of its loss. Once you have learned how to love, it's easier to love again.

사랑을 잃은 아픔보다 사랑을 해서 얻는 기쁨이 그래도 큽니다. 일단 사랑하는 법을 배우고 나면 다시 사랑하기가 더 쉽습니다.

Talk Sense Quotation

It is better to have loved and lost providing no alimony is involved.

위자료만 내지 않는다면 사랑을 하다가 사랑을 잃는 게 더 낫다.

– New York Post

Talk Sense Dialogue

Olivia A friend of mine is getting divorced, and my other friend seems happy about it.

Kevin That's a terrible reaction. What's wrong with your other friend?

Olivia She never got married. In fact, she hates men.

Kevin Is she a lesbian?

Olivia It's not that. She just doesn't believe in love.

Kevin It's better to have loved and lost than never to have loved at all.

올리비아 내 친구가 이혼을 하게 됐는데 내 다른 친구가 기뻐하는 것 같아.
케빈 그거 지독히 못된 반응이네. 그 다른 친구 좀 이상한 거 아니야?
올리비아 결혼한 적이 없어. 사실, 그 친구는 남자를 증오해.
케빈 레즈비언이야?
올리비아 그건 아니야. 그냥 사랑을 믿지 않아.
케빈 사랑하다가 실연한 게 사랑을 전혀 해보지 않은 것보다 나은데.

providing 만약 ~이면 **alimony** 별거[이혼] 수당 **get divorced** 이혼하다 **terrible** 지독한, 혹독한 **just** 그냥, 단지 **believe in** ~을 믿다

063

한 사람의 쓰레기는 다른 사람의 보물이다

One man's trash is another man's treasure.

◎ Items that appear worthless to one person may have enormous value to someone else. Look again before you throw away your trash.

한 사람에게 가치가 없어 보이는 것이 다른 사람에게는 엄청난 가치를 지닐 수 있습니다. 쓰레기를 버리기 전에 다시 한번 살펴 보세요.

Talk Sense Quotation

One man's prop is another man's treasure.

한 사람의 소품이 다른 사람의 보물이다.

– *the New York Times*

Talk Sense Dialogue

Kevin Honey, I found a picture frame at the recycle bin. I can't believe someone would throw this away.

Olivia Wow! It's a beautiful frame. Why would somebody throw away such a nice piece of work?

Kevin I have no idea. But one man's trash can be another man's treasure.

Olivia Let's put our wedding photo in it and hang it in the kitchen.

Kevin Or maybe I could hang it at my office with your picture in it.

Olivia Good idea, honey.

케빈 자기야, 나 재활용 박스에서 액자를 하나 찾았어. 이런 걸 버린다는 게 믿어지지 않네.
올리비아 야! 이거 아름다운 액자인데. 이렇게 좋은 것을 왜 버릴까?
케빈 모르겠어. 근데 한 사람의 쓰레기가 다른 사람의 보물이 될 수도 있지.
올리비아 우리 결혼 사진을 여기 넣어서 주방에 걸자.
케빈 아니면 당신 사진을 넣어 내 사무실에 걸 수도 있어.
올리비아 자기야, 좋은 생각이야.

enormous 막대한 **prop** 소품 **picture frame** 액자 **recycle bin** 재활용 통
throw away 버리다 **a piece of work** 뛰어난 물품[작품] **hang** 걸다

064

위대한 남자 뒤에는 위대한 여자가 있다

Behind every great man, there is a great woman.

◎ Men often owe their success to women, either it be a wife or a mother. Women make men think.

남자들은 자기의 성공을 부인이나 어머니의 공으로 돌려야 하는 경우가 적지 않습니다. 여자는 남자로 하여금 생각하게 합니다.

Talk Sense Quotation

Behind every good man there stands a better woman.

좋은 남자 뒤에는 더 좋은 여자가 서 있다.

– *The Executive Look*

Talk Sense Dialogue

Olivia What's the surprising news you told me at work?

Kevin I got promoted to manager.

Olivia Congratulations! I knew you'd be recognized at your company. I'm so proud of you.

Kevin It's all thanks to you. Behind every good man, there's a good woman.

Olivia You are not just good; you are great!

Kevin If that's the case, you're a great woman too.

올리비아 직장에서 놀랄 만한 소식이 있다고 말한 게 뭐야?

케빈 나 매니저로 승진했어.

올리비아 축하해! 당신이 회사에서 인정받을 줄 알았어.
당신이 너무 자랑스러워.

케빈 다 자기 덕분이야. 좋은 남자 뒤에는 좋은 여자가 있거든.

올리비아 당신은 그냥 좋은 게 아니라 대단해!

케빈 그렇다면 당신 역시 대단한 여자야.

owe ~의 은혜를 입고 있다 **surprising news** 놀랄 만한 소식 **be promoted** 승진하다 **be recognized** 인정받다 **be proud of** ~이 자랑스럽다 **thanks to** ~덕분에 **if that's the case** 그렇다면

065 떨어져 있으면 애틋함이 깊어진다

Absence makes the heart grow fonder.

◎ When two people are separated, they often feel more affectionate toward each other. Sometimes long absence increases friendship and love.

두 사람이 떨어져 있으면 서로에 대한 애정이 더 깊어집니다. 때로는 오래 떨어져 있는 것이 우정과 사랑을 더욱 깊어지게 합니다.

Talk Sense Quotation

Absence makes the heart grow younger.

떨어져 있으면 마음이 젊어진다.

– James Joyce, Ulysses

Talk Sense Dialogue

Kevin Honey, I have some bad news.

Olivia What's wrong?

Kevin I have to go on a business trip next Monday.

Olivia Oh, no. How long will you be gone?

Kevin About a week.

Olivia That's not too long. But I'll miss you so much.
Your absence will make my heart grow fonder.

케빈 자기야, 좋지 않은 소식이 있어.

올리비아 뭐가 잘못됐는데?

케빈 나 월요일에 출장 가게 됐어.

올리비아 어머나. 얼마나 걸릴 건데?

케빈 일주일 정도.

올리비아 그다지 길지 않네. 하지만 난 당신이 너무 그리울 거야.
당신이 없으면 내 마음이 더욱 애틋해질 거야.

fond 좋아하는 **affectionate** 애정이 깊은 **absence** 부재, 떨어져 있음
business trip 출장

066 피는 물보다 진하다

Blood is thicker than water.

◎ Family members share stronger ties with each other than they do with others. Always look after your family members.

남들과 나누는 정보다 가족들끼리 나누는 정이 더 깊습니다. 항상 자기의 가족들을 돌보도록 하세요.

Talk Sense Quotation

George Bush on the Gulf War: "The Middle East is a region where oil is thicker than blood."

걸프 전쟁에 대해서 조지 부시가 한 말. "중동은 석유가 피보다 진한 지역이다."

– *U.S. News & World Report*

Talk Sense Dialogue

Olivia Welcome back! It's so nice to see you again. How was your trip to China?

Kevin I missed you so much. You're prettier than ever. I'm so happy to be back. But my trip wasn't that good.

Olivia Did something bad happen?

Kevin Well, my boss's son tagged along, and I had to be his playmate. Maybe my boss doesn't think highly of me.

Olivia Your boss may have made a mistake, but you know that blood is thicker than water. If your boss's son likes you, so will your boss.

Kevin I guess that's a possibility. My boss did thank me after the business trip.

올리비아 어서 와! 당신을 다시 보니까 너무 좋다. 중국 여행은 어땠어?

케빈 당신이 너무 그리웠어. 당신 그 어느 때보다 더 예쁘군.
돌아와서 너무 기뻐. 근데 여행은 그다지 좋지 않았어.

올리비아 안 좋은 일이 있었어?

케빈 글쎄, 사장 아들이 따라와 내가 상대해 줘야 했어. 아마 사장이 나를 높게 평가하지 않나 봐.

올리비아 사장이 실수했는지 모르지만, 피가 물보다 진하다는 걸 알잖아. 사장 아들이 당신을 좋아한다면 사장도 그럴 거야.

케빈 그럴 가능성도 있지. 출장 다녀와서 사장이 나한테 고맙다고 하긴 했어.

📖 **ties** 연분, 의리 **welcome back** 돌아오니 반갑다, 다시 보니까 좋다 **tag along** (졸졸) 따라오다 **playmate** 놀이 상대 **think highly of** ~을 높이 평가하다 **possibility** 가능성

067

작은 도토리가 큰 떡갈나무로 자란다

Great oaks from little acorns grow.

◎ Great success often develops from something very small, and great people were all once small children.

큰 성공은 작은 것에서부터 시작되는 경우가 많으며, 위대한 사람들도 모두 한때 어린아이였습니다.

Talk Sense Quotation

Even basketball superstars start out as school kids. Tall oaks from little acorns grow, as the saying goes.

농구 슈퍼스타들도 어린 학창 시절이 있었습니다. 격언에서 말하듯이 작은 도토리가 큰 떡갈나무로 자랍니다.

– *New York Post*

Talk Sense Dialogue

Kevin Did you see today's news about the boy genius?

Olivia No, I didn't. How smart is he?

Kevin He's only a third grader, but he solves college physics problems.

Olivia That's amazing. He must have a high I.Q.

Kevin They say it's 165. He learned physics by himself.

Olivia Wow! He could be the next Einstein. You know great oaks from little acorns grow.

케빈 천재 소년에 대한 오늘 뉴스 봤어?

올리비아 아니, 못 봤어. 얼마나 똑똑한데?

케빈 3학년밖에 안 됐는데 대학교 물리 문제를 풀어.

올리비아 그거 놀랍네. 지능 지수가 높은가 보다.

케빈 165라고 하더라. 물리를 혼자서 배웠대.

올리비아 야! 아인슈타인 같이 될 수도 있겠네.
작은 도토리가 큰 떡갈나무로 자란다고 하잖아.

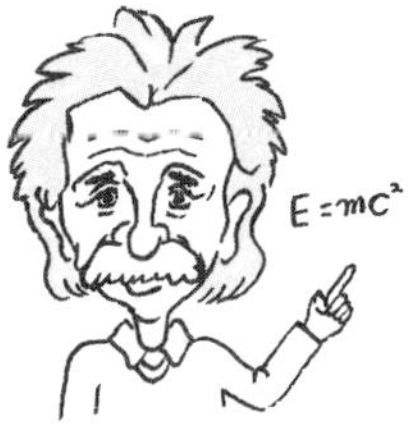

acorn 도토리 **boy genius** 천재 소년 **third grader** 3학년 학생 **solve** (문제를) 풀다 **by himself** 자기 스스로

068 모방은 가장 진정한 형태의 아첨이다

Imitation is the sincerest form of flattery.

◎ Trying to be like someone is the most genuine way of praising that person. Many people want to become like their role models.

누군가를 닮으려고 하는 건 그 사람을 칭찬하는 가장 참된 방법입니다. 많은 사람들이 자기의 우상처럼 되고 싶어합니다.

Talk Sense Quotation

Imitation may be the sincerest form of flattery, but Italian designer Gianni Versace takes no pleasure in the copycat designers.

모방이 가장 진정한 형태의 아첨일지 모르지만, 이탈리아의 디자이너 지아니 베르사체는 그대로 베끼는 디자이너들에게서 아무런 즐거움도 느끼지 못한다.

– *the Wall Street Journal*

Talk Sense Dialogue

Olivia My friend Mi-na annoys me.

Kevin What did she do?

Olivia She always buys the same clothes that I bought.

Kevin Does she tell you before she buys it?

Olivia She never does. She only asks where I bought my clothes, and the next time I see her, she's wearing it.

Kevin She must admire your sense of fashion. You know, imitation is the sincerest form of flattery.

올리비아 내 친구 미나가 날 짜증 나게 만들어.

케빈 그녀가 어떻게 했는데?

올리비아 걔는 항상 나랑 똑같은 옷을 사.

케빈 그걸 사기 전에 당신한테 말해?

올리비아 절대 안 그래. 내가 어디서 샀는지만 물어 보는데, 다음에 내가 걔를 보면 그걸 입고 있어.

케빈 당신의 패션 감각을 존경하는 게 틀림없어. 모방이 가장 진정한 형태의 아첨이잖아.

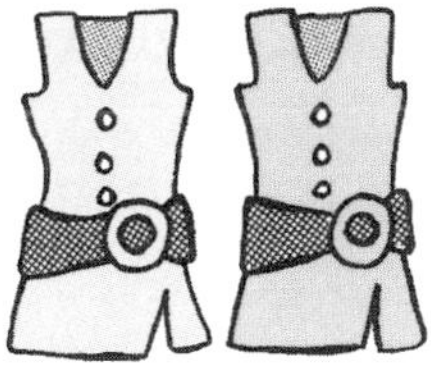

imitation 모방, 따라하는 것 **sincere** 진정한 **flattery** 아첨 **genuine** 꾸밈 없는, 마음에서 우러나온 **copycat** 흉내내는 사람; 모방의 **annoy** 짜증 나게 하다 **admire** 존경하다

069

나는 어제 태어나지 않았다

I was not born yesterday.

◎ Say this when you mean: I'm not naive; I am knowledgeable and experienced; I'm no longer young; I'm not new here.

다음 뜻으로 말하고 싶을 때 이 표현을 쓰세요: 난 순진하지 않아; 난 지식과 경험을 가지고 있어; 난 더 이상 어리지 않아; 난 이곳에 새로운 사람이 아니야.

Talk Sense Quotation

"You weren't born yesterday," I said, and was suddenly angry with him. "You weren't deaf and dumb all the time you had the job."

"넌 어제 태어나지 않았어." 내가 말했다. 그리고 갑자기 그에게 화가 났다. "넌 이 일을 하는 동안 귀머거리였거나 멍청하지 않았어."

– *Robert Penn Warren, All the King's Men*

Talk Sense Dialogue

Kevin Honey, I asked you to iron my shirts this morning. What happened?

Olivia Oh, I'm sorry I forgot.

Kevin There are things you can forget, and things you shouldn't. Didn't you know that?

Olivia Why are you talking to me like I'm a child? I'm offended.

Kevin **You weren't born yesterday.** Just don't forget important things like that.

Olivia You are so weird today.

케빈 자기야, 내 셔츠를 오늘 아침에 다려 달라고 했잖아. 어떻게 된 거야?

올리비아 앗, 미안해, 까먹었어.

케빈 잊어버려도 되는 게 있고 안 되는 것들이 있지. 그걸 몰랐어?

올리비아 왜 내가 어린애인 것처럼 말해? 기분 나쁘네.

케빈 당신 어제 태어난 게 아니잖아. 그처럼 중요한 걸 그냥 까먹지 마.

올리비아 당신 오늘 너무 이상해.

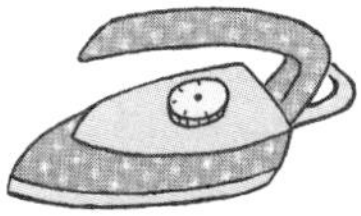

deaf 귀먹은 **iron** 다리다 **be offended** 상처를 받다, 기분이 나쁘다 **weird** 이상한

070

남자들과는 살 수 없다, 그렇다고 남자들 없이 살 수 있는 것도 아니다

You can't live with men; neither can you live without them.

◎ Life isn't always filled with choices we would like. Sometimes, whichever alternative one chooses, neither is comfortable.

인생이 항상 우리가 원하는 선택으로 가득 차 있는 것은 아닙니다. 때로는 어떤 선택을 하더라도 불편할 수 있습니다.

Talk Sense Quotation

My other half has no fashion sense. I came home the other afternoon looking so smart in my new snood and he said my snood looked like a goat's udder with a fly net on it. Men! Can't live with them, and can't live without them.

내 남편은 패션 감각이 없다. 며칠 전 오후에 내가 새로 산 센스 넘치는 그물 모자를 쓰고 집으로 돌아오자, 그는 내 모자가 염소의 젖통 위에 파리채를 얹어 놓은 것 같다고 했다. 남자들이란! 그들과 함께 살 수도 없고 그들 없이도 살 수 없다.

– *Fannie Flagg, Fried Green Tomatoes*

Talk Sense Dialogue

Olivia I'm not cooking dinner for you.

Kevin Oh, honey, please cook me your wonderful kimchi soup.

Olivia I was so mad at you yesterday. When I told a friend your story, she said that you can't live with men, but neither can you live without them.

Kevin I must've apologized more than a thousand times. I was stressed out that morning because I had a big meeting.

Olivia I wasn't the one who had a meeting. You just relieved your stress on me.

Kevin I am so sorry. I'll buy you shoes tomorrow.

올리비아 당신의 저녁 준비를 하지 않을 거야.

케빈 오, 자기야, 당신의 환상적인 김치찌개를 부탁해.

올리비아 어제 당신한테 너무 화가 났어. 내 친구한테 당신 얘기하니까 남자들과 함께 살 수 없지만, 남자 없이도 살 수 없다고 하더라.

케빈 내가 천 번 이상 사과를 했을 거야. 큰 회의가 있어서 그날 아침에 너무 스트레스를 많이 받은 상태였다니까.

올리비아 회의가 있었던 사람은 내가 아니었거든. 당신은 그냥 스트레스를 나한테 풀었던 거지.

케빈 너무 미안해. 내가 내일 당신한테 신발을 사 줄게.

alternative 둘(또는 셋 이상) 중에서의 선택 **be stressed out** 스트레스를 받다 **relieve** 해소하다

071

아름다움은 보는 사람의 눈에 달려 있다

Beauty is in the eye of the beholder.

◎ Too often people disagree as to whether a person or a thing is beautiful. It is truly an individual matter and depends on tastes.

사람들은 사물이나 사람의 아름다움에 대해 의견을 달리하는 경우가 많습니다. 그것은 정말이지 개인적인 문제이며, 취향에 따라 다릅니다.

Talk Sense Quotation

Weeds are in the eye of the beholder. And as far as I am concerned dandelions are not weeds—they are flowers.

잡초는 보는 사람의 눈에 달려 있습니다. 그리고 제가 보기에 민들레는 잡초가 아니라 꽃입니다.

– *Robert Fulghum, All I Really Need to Know I Learned in Kindergarten*

Talk Sense Dialogue

Kevin Why do you think fashion models always have to be tall and thin?

Olivia To make the clothes look good.

Kevin But I think such clothes look so much better on Hyo-ri Lee.

Olivia Well, beauty is in the eye of the beholder.

Kevin But of course, you look prettier than Hyo-ri.

Olivia I know.

케빈 왜 패션 모델들은 항상 키가 크고 말라야 하는 걸까?
올리비아 옷이 예뻐 보이게 하려고.
케빈 하지만 그런 옷은 이효리한테 훨씬 더 잘 어울릴 것 같은데.
올리비아 그거야 제눈의 안경이지.
케빈 하지만 물론 당신이 효리보다 더 예쁘지.
올리비아 알아.

individual 개인의 **as far as I am concerned** 나에 관한 한 **beholder** 보는 사람, 구경꾼 **so much better** 훨씬 더 나은

072 펜은 칼보다 강하다

The pen is mightier than the sword.

◎ The written word is more powerful than any physical weapon. Consequently, the Internet became more powerful than nuclear weapons.

글은 그 어떠한 물리적인 무기보다 강합니다. 결과적으로 인터넷이 핵무기보다 더욱 강해졌습니다.

Talk Sense Quotation

Randall L. Tobias, vice chairman of the American Telephone and Telegraph Company, said, "The fax machine is mightier than the rifle."

미국전신전화(AT&T)의 부회장인 랜덜 토비아스는 이런 말을 했다. "팩스 기기가 총보다 강하다."

– *the New York Times*

Talk Sense Dialogue

Olivia I heard that the American troops in Iraq are building many schools. Why would they build schools when they are at war?

Kevin That's one of America's wartime tactics. It's a very effective plan.

Olivia Could you explain more?

Kevin America knows that the pen is mightier than the sword. Tanks and bombs can scare people, but they don't have the strength to conquer the people.

Olivia I see.

Kevin But if you can educate the people to improve their living standards, they will develop a loyalty towards America.

올리비아 이라크에 있는 미군들이 학교를 많이 짓는다는 말을 들었어. 전쟁 중에 왜 학교를 지을까?

케빈 그건 미국의 전시 전술 중의 하나야. 굉장히 효과가 있는 작전이지.

올리비아 더 설명해 줄래?

케빈 미국은 펜이 칼보다 강하다는 것을 알고 있지. 탱크와 폭탄이 사람들을 겁먹게 할 순 있어도 사람을 지배하는 힘은 없거든.

올리비아 그렇구나.

케빈 하지만 사람들의 생활 수준을 향상시키기 위해서 교육시킬 수 있다면, 그들은 미국에 대해 신의를 갖게 될 거야.

mighty 강한 **wartime** 전시 **tactics** 전술 **plan** 계획, 작전 **conquer** 지배하다
living standards 생활 수준 **loyalty** 신의, 충성

073 필요할 때 도와주는 친구가 진짜 친구다

A friend in need is a friend indeed.

◎ True friends stand by and support one another through times of trouble. Always remember to help those who have helped you.

진정한 친구들은 어려운 시기에 서로의 곁을 지켜 주고 지원해 줍니다. 당신을 도와준 사람들을 도와줘야 한다는 것을 항상 기억하세요.

Talk Sense Quotation

A FRIEND IN NEED, headline of a letter about Joe Papp's support of his actors.

필요한 때의 친구—동료 연기자들을 도운 조 팹에 대한 편지의 머리기사

– *the New York Times*

Talk Sense Dialogue

Kevin Honey, why did you take out five hundred thousand won from the bank today?

Olivia I used it as gift money at my friend's wedding.

Kevin Wow! Don't you think that's too much?

Olivia Not really. We were friends since childhood, and I know that she is struggling for money. They postponed the marriage for two years to save enough money.

Kevin A friend in need is a friend indeed. You are such a nice person.

Olivia She was always there for me too.

케빈 자기야, 오늘 왜 은행에서 50만 원을 인출했어?
올리비아 내 친구의 결혼식 축의금으로 썼어.
케빈 와! 그거 너무 많은 액수 아니야?
올리비아 그건 아니야. 우린 어린 시절부터 친구였고,
그 친구가 돈 때문에 고생하고 있다는 것을 알고 있어.
돈을 충분히 모으기 위해 2년 동안 결혼을 미루었던 거야.
케빈 필요할 때 돕는 친구가 진짜 친구지. 당신은 정말 좋은 사람이야.
올리비아 그 친구도 항상 내 곁에 있어 줬거든.

take out 빼다, 뽑다 **gift money** 축의금 **childhood** 어린 시절 **struggling** 고생하고 있는 **postpone** 지연하다, 미루다 **nice person** 좋은 사람

074 사랑은 눈이 먼 것이다

Love is blind.

◎ When we are in love with someone, we cannot see any faults in that person. If you start to see faults in your partner, something has changed.

누군가와 사랑에 빠졌을 때, 그 사람의 결점을 볼 수 없습니다. 파트너의 결함이 보이기 시작하면 무엇인가가 바뀐 것입니다.

Talk Sense Quotation

"I know," Jack laughed quietly. "Your eyes are always closed. Maybe your love is blind, but mine isn't."

"알아." 잭이 조용히 웃으며 말했다. "너의 눈은 항상 감겨 있지. 어쩌면 너의 사랑은 눈이 먼 것이겠지만, 내 사랑은 그렇지 않아."

– *Tom Clancy, Patriot Games*

Talk Sense Dialogue

Olivia They showed a touching story on TV today.

Kevin What was it about?

Olivia A woman had a terrible accident and became paralyzed down the chest. But her boyfriend married her despite her disability.

Kevin That's a real man.

Olivia The man was a lawyer and when interviewed he said that love is blind. He said he loves his fiancee no matter what.

Kevin Give me a blindfold and I'll say the same thing.

올리비아 오늘 텔레비전에서 감동적인 프로를 보여줬어.

케빈 뭐에 대한 것이었는데?

올리비아 어떤 여자가 끔찍한 사고를 당해서 가슴 아래가 마비됐어.
하지만 남자 친구가 그녀의 장애에도 불구하고 그녀와 결혼했어.

케빈 진짜 남자네.

올리비아 그 남자는 변호사였는데, 인터뷰할 때 사랑은 눈이 먼 것이라고 했어.
그는 무슨 일이 있더라도 자기의 약혼녀를 사랑한다고 말했어.

케빈 나한테 눈가리개를 주면 나도 똑같은 말을 할게.

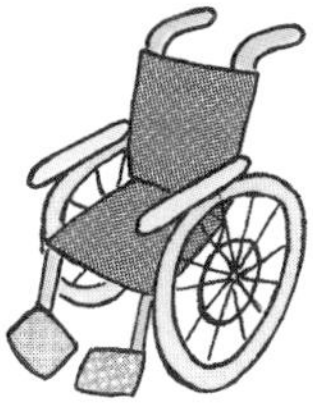

touching 감동적인 **terrible accident** 끔찍한 사고 **be paralyzed** 마비되다 **despite** ~에도 불구하고 **disability** 장애 **fiancee** 약혼녀 **blindfold** 눈가리개

075

개가 사람을 물면 뉴스가 아니지만
사람이 개를 물면 뉴스가 된다

When a dog bites a man, that is not news; but when a man bites a dog, that is news.

◎ Ordinary things don't attract attention. The more outrageous the story is, the more likely it will get media attention.

평범한 것은 관심을 끌지 못합니다. 이야기가 황당할수록 미디어의 관심을 끌 가능성이 더 높아집니다.

Talk Sense Quotation

After four games the Giants are ranked dead last in total offense in the entire league. It's unusual, man biting dog, and it can basically be attributed to one thing: Rodney Hampton.

네 경기 후에 자이언츠는 리그 전체의 종합 공격력에서 완전히 꼴찌를 달리고 있다. 이것은 사람이 개를 무는 것만큼 이례적인 일이며, 근본적으로 로드니 햄턴이라는 한 가지 원인을 찾아볼 수 있다.

– *the New York Times*

Talk Sense Dialogue

Kevin Did you read today's news about the gay couple suing the government for the right to marry?

Olivia No, I didn't. But why would they sue?

Kevin Didn't you know that gay people can't get legally married?

Olivia No, I didn't.

Kevin Anyway, it's a pretty big story. **When a dog bites a man, that is not news; but when a man bites a dog, that is news.**

Olivia I think the government should allow gay people to get married.

케빈 동성애자 한 쌍이 결혼할 권리를 찾기 위해 정부를 고소한다는 오늘의 뉴스 봤어?
올리비아 아니, 못 봤어. 왜 고소를 하는 거지?
케빈 동성애자가 합법적으로 결혼할 수 없다는 거 몰랐어?
올리비아 응, 몰랐어.
케빈 어쨌든 매우 놀라운 이야기야. 개가 사람을 물면 뉴스가 아니지만, 사람이 개를 물면 뉴스가 되지.
올리비아 동성애자가 결혼할 수 있도록 정부에서 허용해야 한다고 봐.

ordinary 보통의 **outrageous** 터무니 없는 **dead** 완전히 **sue** 고소하다 **right** 권리 **legally** 합법적으로 **pretty** 매우 **allow** 허용하다

076 첫인상이 가장 오래 남는다

First impressions are the most lasting.

◎ One's initial reaction to something new is what will endure in memory, but bad first impressions seem to last longer than good ones.

새로운 것에 대한 처음의 반응이 기억에 오래 남는 것이지만, 나쁜 인상은 좋은 인상보다 더 오래 남는 듯싶습니다.

Talk Sense Quotation

If first impressions mean anything, then Rutgers should be just fine this season.

첫인상이 의미가 있다면 러트거스 팀은 이번 시즌에 전망이 좋아 보인다.

– *the New York Times*

Talk Sense Dialogue

Olivia Honey, I bought Yo-Yo Ma's new CD. Take a look at it.

Kevin Again? What's up with your fascination with Yo-Yo Ma?

Olivia It was love at first sight. Even before I heard him play, I was mesmerized by his aura.

Kevin I know that first impressions are the most lasting, but I'm kind of jealous.

Olivia Don't worry. Your first impression was great too. That's why I married you.

Kevin But Yo-Yo Ma and I look so different.

올리비아 자기야, 나 요요 마의 새로운 CD를 샀어. 한번 봐.
케빈 또? 당신은 왜 그토록 요요 마한테 매료된 거지?
올리비아 첫눈에 반했어. 그가 연주하는 것을 듣기도 전에 그의 분위기에 매혹됐어.
케빈 첫인상이 가장 오래 남는다는 건 알지만 질투가 좀 나는걸.
올리비아 걱정 마. 당신의 첫인상도 아주 좋았어. 그래서 당신하고 결혼을 했지.
케빈 하지만 요요 마하고 나는 너무 다르게 생겼잖아.

lasting 오래 지속되는 **endure** 지속하다 **take a look at** ~을 한번 바라보다 **what's up** 왜 그런 거지? **fascination** 매료 **at first sight** 첫눈에 **be mesmerized by** ~에 매혹되다 **aura** 광채, 분위기 **jealous** 질투하는

077 지옥으로 가는 길은 좋은 의도로 포장되어 있다

The road to hell is paved with good intentions.

◎ All of us have good intentions, but we rarely act on them. Only good actions will lead us to recognition.

우리 모두 좋은 의도를 가지고 있지만, 그 의도대로 행동하는 경우는 드뭅니다. 좋은 행동만이 우리를 인정받게 해줍니다.

Talk Sense Quotation

THE ROAD TO HELL IS PAVED WITH YELLOW BRICKS

지옥으로 가는 길은 노란 벽돌로 포장되어 있다

– the New York Times, Book Review Headline

Talk Sense Dialogue

Kevin Many soldiers have died in the war in Iraq. I wonder if their souls could go to heaven.

Olivia If they were good Christians, I guess they could. But what about the soldiers who believed in Allah?

Kevin Allah is the word for God in Islam. You could say that the Bible and the Koran are different interpretations.

Olivia In any case, there's a saying that the road to hell is paved with good intentions.

Kevin I've heard that. Soldiers may go to war with the right intentions, but they often have to kill another human being.

Olivia Where's God in all of that?

케빈 많은 병사들이 이라크 전쟁에서 죽었어. 그들의 영혼이 천국에 갈 수 있을지 모르겠네.

올리비아 선량한 기독교인이었다면 갈 수 있겠지. 근데 알라를 믿은 병사들은 어떻게 되는 거지?

케빈 알라는 이슬람의 하나님을 뜻하는 단어야. 성경과 코란은 서로 다른 해석이라고 볼 수 있지.

올리비아 어쨌든 지옥으로 가는 길은 좋은 의도로 포장되어 있다는 말이 있지.

케빈 나도 들어 봤어. 병사들은 옳은 의도로 전쟁에 나가지만 종종 다른 인간을 죽여야만 해.

올리비아 하나님은 그런 와중에 어디 있는 거지?

soul 영혼 **word for** ~을 뜻하는 단어 **in any case** 어쨌든 **in all of that** 그런 와중에

078

진정한 사랑은 순조롭게 진행되는 법이 없다

True love never runs smooth.

◎ Problems may occur even in the most passionate relationships and the best of marriages. Love is never perfect.

가장 열정적인 관계나 최상의 결혼에서도 문제가 일어날 수 있습니다. 사랑은 결코 완벽하지 않습니다.

Talk Sense Quotation

Lysander: The course of true love never did run smooth.

라이샌더: 진정한 사랑의 길은 결코 순탄하지 않다.

– *Shakespeare, A Midsummer Night's Dream, Act I, Scene I*

Talk Sense Dialogue

Olivia I don't know why celebrity couples get divorced so often.

Kevin Me neither.

Olivia They have lots of money, they are beautiful people, and they understand each other well.

Kevin I agree. I guess they are just like us, always in search of true love.

Olivia And true love never runs smooth.

Kevin We also made mistakes before we met each other.

올리비아 왜 연예인 부부가 그렇게 자주 이혼하는지 모르겠어.
케빈 나도 몰라.
올리비아 돈도 많지, 아름다운 사람들이지, 그리고 서로를 잘 이해하잖아.
케빈 나도 그렇게 생각해. 그들도 우리처럼 항상 진실한 사랑을 찾고 싶은가 봐.
올리비아 그리고 진정한 사랑은 순조롭게 진행되는 법이 없지.
케빈 우리도 서로를 만나기 전에 실수를 했지.

passionate 열렬한 **celebrity** 유명 인사, 연예인 **get divorced** 이혼하다 **so often** 너무 자주 **just like us** 바로 우리처럼

079 태양 아래 새로울 것이 없다

There is nothing new under the sun.

◎ In many cases, what seems to be new is not new at all. Nature has existed long before humans.

새로워 보이는 것이 전혀 새롭지 않은 경우가 많습니다. 자연은 인간보다 오래 전부터 존재해 왔습니다.

Talk Sense Quotation

There is nothing new under the sun. America's hip culture looks strangely like the one that led to the fall of the Roman Empire.

태양 아래 새로운 것은 없다. 미국 젊은이들의 문화는 이상할 정도로 로마 제국의 멸망으로 이어진 문화와 유사해 보인다.

– *Time*

Talk Sense Dialogue

Kevin Some scientists say that there's a sea under the surface of Mars.

Olivia Oh, really? Then aliens could be living on Mars.

Kevin I think so. Some say there is nothing new under the sun, but we might discover something new.

Olivia That must be an old proverb. I bet we discovered many new things after that saying became popular.

Kevin Actually, I think the proverb explains human nature. You know, like how history repeats itself.

Olivia Or it could be a saying about nature.

케빈 어떤 과학자들은 화성의 지표면 밑에 바다가 있다고 하더라.

올리비아 진짜? 그럼 화성에 외계인들이 살 수도 있겠네.

케빈 그런 것 같아. 어떤 이들은 태양 아래 새로울 것이 없다고 하지만, 새로운 것을 발견할 수도 있을 것 같아.

올리비아 그거 오래된 격언인가 보다. 그 표현이 널리 사용되고 나서 새로운 것을 많이 발견했을걸.

케빈 사실 그 격언은 인간의 본성에 대해 설명하는 것 같아. 역사는 반복된다는 말도 있잖아.

올리비아 또는 자연에 대한 말일 수도 있겠지.

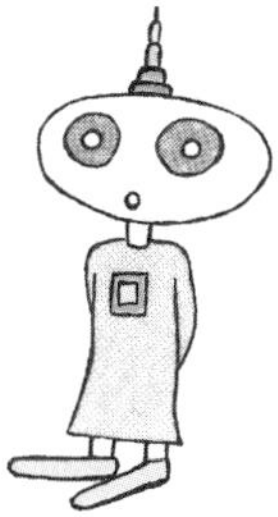

under the surface 지표면 밑에 **alien** 외계인 **discover** 발견하다 **proverb** 속담 **popular** 대중적인, 널리 사용되는

080 우리가 두려워해야 할 것은 두려움 그 자체일 뿐이다

The only thing we have to fear is fear itself.

◎ You can accomplish many things if you can conquer the fear that pushes you back. Removing fear will enable you to focus.

당신을 후퇴하게끔 만드는 두려움을 정복할 수 있다면 당신은 많은 것을 이루어 낼 수 있습니다. 두려움을 없애면 집중할 수 있습니다.

Talk Sense Quotation

The great nation will endure as it has endured, will revive and will prosper. So, first of all, let me assert my firm belief that the only thing we have to fear is fear itself.

위대한 국가는 여태 버텨 왔듯이 버틸 것이며, 새롭게 활기를 찾고, 번영할 것입니다. 그러므로 우리가 두려워해야 할 것은 두려움 그 자체일 뿐이라는 저의 강력한 믿음을 강조하는 바입니다.

– Franklin D. Roosevelt, First Inaugural Address

Talk Sense Dialogue

Olivia Honey, I'm deeply concerned about something.

Kevin Tell me. I'll do whatever I can to make you happy.

Olivia Why am I not getting pregnant? We've been married for two years.

Kevin Um.... Don't worry too much. My friend had a baby after five years of marriage.

Olivia But I want a baby soon. What if there's something wrong with me?

Kevin Honey, the only thing we have to fear is fear itself. Let's go to bed early tonight.

올리비아 자기야, 나 되게 걱정되는 게 있어.
케빈 말해 봐. 당신을 기쁘게 해주기 위해서라면 무엇이든 해줄 수 있어.
올리비아 내가 왜 임신이 안 되는 거지? 우리 결혼한 지 2년이나 됐잖아.
케빈 음…. 너무 걱정하지 마. 내 친구는 결혼하고 5년 후에 아기를 가졌는걸.
올리비아 하지만 난 빨리 아기를 갖고 싶어. 나한테 무슨 문제라도 있으면 어쩌지?
케빈 자기야, 우리가 두려워해야 할 것은 두려움 그 자체일 뿐이야. 오늘 일찍 자자.

prosper 번영하다 **assert** 주장하다 **deeply** 깊이 **concerned** 걱정스러운 **whatever** 무엇이든 **get pregnant** 임신하다 **soon** 곧

Talk Sense Review

061 **Old man:** It's nice to see many high school students volunteering, although it may be for credits.
Old woman: I think it's a nice policy too. When young people volunteer, they will learn more about life than from books.
Old man: That's true. 꽃을 건네주는 손에는 꽃 향기가 남죠. I hope they carry on their commitment later in life.

062 **Man:** It's been a month since I broke up with my girlfriend. But I'm still devastated. I was dumped so badly. Sometimes I wish I never met her.
Friend: Cheer up, my friend. 사랑을 해보고 잃은 게 사랑을 전혀 해보지 않은 것보다 낫지. Many people wish they would have the experience of loving somebody.

063 **Kid:** Mommy, why do some people collect trash? Do some people buy trash?
Mother: Most of the time, people who collect trash sell the parts for recycling. But sometimes they clean the trash or fix it to sell to others. 어떤 사람의 쓰레기가 다른 사람에게는 보물이 될 수 있으니까.

064 **Man:** Why do you think the divorce rate is so high?
Friend: People used to think that 위대한 남자 뒤에는 위대한 여자가 있다. In other words, the role of a man and a woman in marriage was more distinct. Nowadays, however, society emphasizes equal rights. When the balance is broken, so is the harmony.
Man: But I don't think our society will go back to what it was. Maybe the divorce rate being high isn't always a bad thing. Maybe it's a process of women finding their personal happiness.

남자 노인: 비록 학점 때문일지라도 많은 고등학생들이 봉사활동을 하는 것은 보기가 좋아요.
여자 노인: 저도 그것이 좋은 정책이라고 생각해요. 젊은이들이 봉사활동을 하면 책에서보다 인생에 대해 더 많은 것을 배울 거예요.
남자 노인: 맞는 말이에요. Flowers leave fragrance in the hand that bestows them. 그 학생들이 나중에 살아갈 때에도 그런 약속을 이어 갔으면 좋겠어요.

📖 **volunteer** 봉사활동을 하다 **credit** 평점 **carry on** ~을 계속해 나가다 **commitment** 약속, 공약, 의무

남자: 내 여자 친구와 헤어진 지 한 달이 됐어. 그런데 난 아직도 상처가 너무 깊어. 난 너무 심하게 채였거든. 때론 그녀를 만나지 않았더라면 하고 생각할 때도 있어.
친구: 힘을 내. It is better to have loved and lost, than never to have loved at all. 많은 사람들이 누군가 사랑해 본 경험이 있기를 바라거든.

📖 **be devastated** 망연자실하다 **dump** 버리다 **cheer up** 힘을 내다 **experience** 경험

아이: 엄마, 왜 어떤 사람들은 쓰레기를 모으는 거야? 쓰레기를 사는 사람들이 있어?
어머니: 대부분의 경우 쓰레기를 모으는 사람들은 재활용할 수 있는 것을 팔아. 하지만 때로는 쓰레기를 깨끗이 닦거나 고쳐서 다른 사람들에게 팔기도 해. One man's trash can be another man's treasure.

📖 **collect** 모으다 **trash** 쓰레기 **recycle** 재활용하다 **clean** 깨끗하게 닦다 **fix** 고치다

남자: 이혼율이 왜 이렇게 높다고 생각해?
친구: 사람들은 behind every great man there was a great woman 라고 생각한 적이 있었지. 달리 말하자면 남자와 여자의 역할이 훨씬 뚜렷했어. 그러나 요즘은 사회가 동등한 권리를 강조해. 균형이 깨지면 조화도 깨지는 법이야.
남자: 하지만 난 우리 사회가 과거처럼 돌아갈 것 같지는 않아. 어쩌면 이혼율이 높은 게 항상 나쁜 것은 아닐 수도 있지. 어쩌면 여성들이 개인의 행복을 찾는 과정일 수도 있을 거야.

📖 **divorce** 이혼 **used to** ~하곤 했다, ~한 적이 있었다 **distinct** 뚜렷한 **nowadays** 오늘날 **emphasize** 강조하다 **equal rights** 평등권 **balance** 균형 **harmony** 조화 **process** 과정 **personal** 개인의, 개인적인

---

065 **Woman:** My husband has been on a business trip for three weeks. I miss him so much. I didn't know I would feel like this until he left.
Mother: Marriage is a mysterious thing. 떨어져 있으면 애틋함이 깊어진다는 말이 있잖아, and it seems that you're learning that lesson. Be nice to your husband when he comes back.

066 **Office worker:** I can't believe that our CEO is giving his company to his son, who is only thirty years old. That's wrong.
Co-worker: I think so too. 피가 물보다 진하다는 것은 알아, but his son has no experience in our work. How is he going to head our company?
Office worker: Somebody needs to speak up.

067 **Teacher:** You should have great dreams for your future. Never doubt yourself. Don't pass an opportunity to learn something because you fear to fail. 작은 도토리가 큰 떡갈나무로 자라는 법이다. All the great people you know had a childhood and went through similar setbacks that you are going through right now. But they all say they never gave up their dream, and that is what I want to tell you as well.

068 **Man:** Why do so many celebrities show up at fashion shows?
Friend: Because they want to be trendsetters.
Man: I know that, but they have no individuality.
Friend: That's true. Maybe they want the public to imitate them.
Man: If that's the case, I guess many celebrities believe that 모방은 가장 솔직한 형태의 칭찬이다.

여자: 남편이 3주 동안 출장이에요. 그이가 너무 그립네요. 그가 떠나기 전까지는 제가 이렇게 느낄 줄은 몰랐어요.
어머니: 결혼은 신비로운 거야. They say that absence makes the heart grow fonder, 그런데 네가 그 교훈을 배우고 있나 보구나. 남편이 돌아오면 잘해 주거라.

📖 **business trip** 업무상 출장 **mysterious** 신비로운

사무직 근로자: 우리 CEO가 서른 살밖에 되지 않은 자기 아들한테 회사를 넘겨주는 걸 믿을 수 없어. 그건 잘못된 거야.
동료: 나도 그렇게 생각해. I know that blood is thicker than water, 하지만 그 아들은 우리 일에 아무런 경험이 없잖아. 어떻게 우리 회사를 이끈다는 것이지?
사무직 근로자: 누군가는 목소리를 내야 해.

📖 **head** 우두머리가 되다, 이끌다 **speak up** 용기를 내어 말하다, 터놓고 말하다

교사: 너희는 미래를 위해서 원대한 꿈을 지니고 있어야 한다. 자기 자신에 대해 결코 의심하지 말아라. 실패할까 두려워 무엇인가를 배울 수 있는 기회를 지나치지 말아야 한다. Great oaks from little acorns grow. 너희들이 아는 위대한 사람들 모두 어린 시절이 있었으며, 너희들이 지금 겪고 있는 것과 같은 좌절을 겪었다. 하지만 그들은 모두 자신의 꿈을 포기하지 않았다고 하며, 내가 너희들에게 하고 싶은 말도 바로 그것이다.

📖 **doubt** 의심하다 **opportunity** 기회 **childhood** 어린 시절
go through ~을 거치다, 겪다 **give up** 포기하다 **as well** 또한

남자: 왜 이렇게 많은 연예인들이 패션쇼에 나오는 것이지?
친구: 유행을 이끌어 가는 사람이 되고 싶으니까.
남자: 그건 아는데, 개성이 없잖아.
친구: 맞는 말이야. 어쩌면 대중이 자기들을 따라하기를 원하는 것일 수도 있지.
남자: 그렇다면 imitation is the sincerest form of flattery 라고 믿는 연예인들이 많은가 보네.

📖 **celebrity** 유명 인사, 인기 연예인 **show up** 나타나다 **trendsetter** 유행을 만드는 사람
individuality 개성 **imitate** 모방하다

---

069 **Girl:** My mom tells me what I should do all the time. I'm sick of it.
Friend: My mom too. There's nothing I can do without her consent.
Girl: I'm trying to figure out a way to make my mom understand that 나는 어제 태어나지 않았다. I'm a big girl now. I should decide what I want to do.

070 **Lady:** I'm going on a blind date tomorrow. I'm so excited!
Older brother: You said you despised men just two days ago.
Lady: Maybe I did, maybe I didn't. Men are like cigarettes. 남자들과 같이 살 수 없고, 그렇다고 남자들 없이 살 수 있는 것도 아니야.

071 **Older brother:** So, how was your date last night? Did you have a good impression of the guy?
Lady: Not really. I didn't want to see him again, but he called me so many times. He is desperate to meet me again. He said that I was the most beautiful girl he has seen.
Older brother: Ha-ha-ha. I know that 아름다움은 보는 사람의 눈에 달려 있다, but he sounds like a crazy person.

072 **Boy:** Dad, I have a problem with a boy in my school. We were once friends, but we now fight all the time. I might get into a real fight one day.
Father: Son, it's not wrong to be in a conflict with somebody else, but it's important to overcome the conflict with words. 펜은 칼보다 강해. Instead of fighting him with your fist, try writing him a letter explaining the issues you have with him. That could lead to a meaningful discussion.

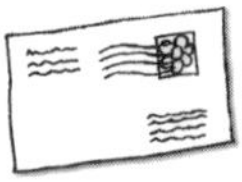

여자: 우리 엄마는 내가 뭘 해야 하는지를 항상 말해 줘. 그게 너무 싫어.
친구: 우리 엄마도 그러셔. 엄마의 허락을 받지 않고 내가 할 수 있는 게 아무것도 없어.
여자: 엄마한테 I was not born yesterday 라는 사실을 이해시킬 방법을 궁리하고 있어. 나는 이제 다 큰 여자야. 내가 하고 싶은 것을 내가 결정해야 해.

📖 **all the time** 항상 **be sick of** ~가 지겹다, 싫다 **consent** 승낙 **figure out** 생각해 내다

숙녀: 나 내일 소개팅할 거야. 너무 신나!
오빠: 너 이틀 전에 남자를 경멸한다고 말했잖아.
숙녀: 그랬을 수도 있고, 안 그랬을 수도 있지. 남자는 담배와 같아. You can't live with men; neither can you live without them.

📖 **blind date** 소개팅 **despise** 경멸하다

오빠: 그래, 어젯밤 데이트는 어땠냐? 그 남자에 대해서 좋은 인상을 받았어?
숙녀: 그런 건 아니야. 난 그를 다시 보고 싶지 않았지만 그가 전화를 여러 번 했어. 나를 다시 만나고 싶어해. 자기가 본 여자 중에 내가 가장 아름다운 여자라고 했어.
오빠: 하하하. 나도 beauty is in the eye of the beholder 라는 것은 알지만, 그 사람 좀 미친 것 같군.

📖 **impression** 인상 **be desperate to** ~하고 싶어 못 견디다

남자 아이: 아빠, 제가 학교에서 어떤 애하고 문제가 좀 있어요. 우리는 한때 친구였지만, 지금은 늘 싸워요. 언젠가 정말 한바탕 싸울 것 같아요.
아버지: 얘야, 다른 사람과 갈등이 있는 것은 잘못된 게 아니지만, 그 갈등을 말로써 극복하는 게 중요하다. The pen is mightier than the sword. 그 친구와 주먹으로 싸우는 대신에 그 친구한테 편지를 써서 무엇이 문제인지 설명하도록 노력해라. 그러면 뜻 깊은 토론으로 이어질 수 있을 거야.

📖 **get into** ~을 하게 되다 **conflict** 갈등, 다툼 **overcome** 극복하다 **meaningful** 뜻 깊은, 의미 있는 **discussion** 토론, 논쟁

Review

073 **Daughter:** Mom, I was almost hazed at school by a senior student. It was so scary.
Mother: What? Who's that kid? I'm going to go to your school and make sure she pays for what she did.
Daughter: It's okay, mom. Actually, when I was in trouble, a friend of mine went up to the senior student and told her to back off. Surprisingly, the senior student did and I got out of trouble.
Mother: Good for you. 필요할 때 도와주는 친구가 진짜 친구지. Don't forget to thank your friend.

---

074 **Man:** I'm broke. I spent half of my tuition to buy my girlfriend a present.
Friend: You're in trouble. What were you thinking? I know that 사랑은 눈이 먼 것이다, but you have a serious problem.
Man: I know. I need to check into a hospital.

---

075 **Woman:** I don't understand why good things don't become news while bad things always become news.
Friend: I guess there's a reason for it. Maybe it's because normal things don't grab our attention as much as abnormal things do. It's like 개가 사람을 물면 뉴스가 안 되지만, 사람이 개를 물면 뉴스가 된다.
Woman: Oh, I see your point. That makes sense.

---

076 **Mother:** Darling, I don't want you to wear torn jeans to school today since it's your first day of class.
Daughter: Mom, those are my favorite jeans!
Mother: I know. But 첫인상이 가장 오래 남는 법이지. I don't want people to remember you as the girl who wore dirty torn jeans.

딸: 엄마, 나 학교에서 상급생한테 괴롭힘을 당할 뻔했어. 너무 무서웠어.
어머니: 뭐라고? 그 애가 누구니? 내가 너희 학교에 찾아가서 그 애가 죄값을 톡톡히 치르게 해줘야겠다.
딸: 괜찮아, 엄마. 실은 내가 곤란에 처했을 때 내 친구가 그 상급생한테 가서 꺼지라고 했어. 놀랍게도 그 상급생이 그랬고 난 곤란한 경우를 모면했지.
어머니: 잘됐네. A friend in need is a friend indeed. 네 친구한테 고맙다는 말을 꼭 하거라.

📖 **haze** 괴롭히다 **senior student** 상급생 **pay for** ~에 대한 대가를 치르다 **back off** 뒤로 물러서다 **surprisingly** 놀랍게도 **get out of trouble** 곤란한 경우를 모면하다

남자: 나 돈이 떨어졌어. 등록금의 반을 여자 친구의 선물을 사주는 데 써 버렸어.
친구: 너 큰일 났다. 대체 무슨 생각을 하고 있었던 거야? 나도 love is blind 라는 건 알지만, 넌 문제가 심각하다.
남자: 알아. 나는 병원에 들어가야 해.

📖 **broke** (수중에) 돈이 떨어지다 **tuition** 수업료 **check into** ~에 (수속하여) 들어가다

여자: 왜 나쁜 일은 항상 뉴스가 되면서 좋은 일은 뉴스가 되지 않는지 이해하지 못하겠어.
친구: 이유가 있겠지. 어쩌면 비정상적인 것들에 비해 정상적인 것들이 우리의 관심을 끌지 못하기 때문일 거야. 마치 when a dog bites a man, that doesn't become news; but when a man bites a dog, that becomes news 와 같은 이치지.
여자: 음, 무슨 말인지 알겠어. 그거 말이 되네.

📖 **normal** 정상적인 **abnormal** 비정상적인

어머니: 애야, 오늘은 수업을 받는 첫날이니까 찢어진 청바지를 입지 않았으면 좋겠구나.
딸: 엄마, 그건 내가 제일 좋아하는 청바지야!
어머니: 알아. 하지만 first impressions are the most lasting. 난 사람들이 너를 더럽고 찢어진 청바지를 입은 여자애로 기억하지 않기를 바라는 거야.

📖 **torn** 찢어진 **favorite** 좋아하는

Review

077 **Man:** I'm so sorry, Eugene. I seriously meant to pay back your money today, but I had to use it to buy books.
Eugene: It's been over a month since you've said you'd pay my money back. I need the money too.
Man: I really meant to pay it back today. Please give me a one-week extension.
Eugene: I am never going to lend you money again. 지옥으로 가는 길은 좋은 의도로 포장되어 있지, and I've had enough with your excuses.

---

078 **Woman:** I'm sorry to say this, but I can't meet you anymore. My parents say that I shouldn't have a boyfriend.
Man: That's an excuse I cannot accept. I love you with all my heart. I can meet your parents and convince them that I'm a man worthy of meeting you. 진정한 사랑은 순조롭게 진행되는 법이 없어, and this is part of it. If you would like to be with me, I will do my best to convince your parents.

---

079 **Student:** Did you hear the news that scientists found a new planet in our solar system?
Friend: I heard that story, and I was surprised. How could a planet not have been discovered?
Student: That's a mystery. 나는 태양 아래 새로울 것이 없다고 생각했어, but that saying is wrong this time.

---

080 **Husband:** Honey, I'm so worried about the result of my health check-up. The doctor felt a lump in my prostate.
Wife: I'm worried too, but 우리가 두려워해야 할 것은 두려움 그 자체일 뿐이야. You are a strong man. I'm sure it was something other than cancer. Let's go to the hospital together.

남자: 유진아, 미안해. 내가 오늘 진짜로 네 돈을 갚으려고 했는데 책을 사는 데 그 돈을 써야만 했어.
유진: 네가 내 돈을 갚는다고 한 지 한 달이 넘었어. 나도 그 돈이 필요해.
남자: 나 진짜 오늘 갚으려고 했어. 제발 일주일만 미루어 줘.
유진: 난 너한테 절대로 돈을 빌려 주지 않을 거야. The road to hell is paved with good intentions, 그리고 난 너의 변명을 들을 만큼 들었어.

pay back (돈, 빚을) 갚다 **extension** 연장, 연기 **excuse** 변명

여자: 이런 말을 해서 미안하지만 난 더 이상 널 만날 수 없어. 우리 부모님이 내가 남자 친구를 사귀어서는 안 된대.
남자: 그런 변명은 받아들일 수 없어. 난 진심으로 널 사랑해. 내가 너희 부모님을 만나서 내가 널 만날 가치가 있는 남자라고 설득시킬 수 있어. True love never runs smooth, 그리고 이것도 그 일부야. 네가 나와 함께하고 싶다면 내가 최선을 다해 너희 부모님을 설득시킬게.

with all one's heart 진심으로 **convince** 확신시키다 **worthy of** ~할 가치가 있는 **would like to** ~하고자 하다

학생: 과학자들이 우리 태양계에서 새로운 행성을 찾았다는 뉴스를 들었니?
친구: 그 얘기를 듣고 놀랐지. 어떻게 행성이 발견되지 않을 수 있었을까?
학생: 그건 수수께끼야. I thought there was nothing new under the sun, 그런데 그 말이 이번엔 틀렸군.

planet 행성 **solar system** 태양계 **saying** 격언

남편: 자기야, 나는 건강 검진 결과가 너무 걱정이 돼. 의사가 내 전립선에서 혹을 감지했대.
부인: 나도 걱정이 되지만 the only thing we have to fear is fear itself. 당신은 강한 남자야. 그게 암이 아닐 거라고 나는 확신해. 병원에 같이 가자.

check-up 검진 **hump** 혹 **prostate** 전립선

5

삶의 지혜와 세상만사

Words of Wisdom

삶의 지혜와 세상만사에 대해서는 나이가 들어 가면서 자연스레 깨닫는 부분이 많은 것 같습니다. 정의하기 힘든 그런 깨달음을 간단명료하게 요약한 것이 격언입니다. 과연 젊은이들은 격언을 얼마나 알고 있을까요? 필자는 애늙은이라는 소리를 많이 들어서 대답을 알 수 없습니다.

하지만 조금씩 The best things in life are free(인생에서 가장 값진 것들은 공짜다)라는 말이 왜 격언이 되었는지 깨달아 가는 중이며 나름대로의 처세술이랍시고 The enemy of my enemy is my friend(내 원수의 적은 내 친구다)를 제 자신을 위해 적용해 보기도 했습니다. 결과는 생각보다 좋았지요.

세상만사에 대해 아직도 배워야 할 것이 너무 많지만 이 장을 쓰면서 예습을 했습니다. 조금은 더 성숙해진 느낌이 들며 어르신들 말씀이 왜 중요한지도 새삼 깨달았습니다. 여러분도 함께 체험해 보세요.

081 인생에서 가장 값진 것들은 공짜다

The best things in life are free.

◎ The best things in life such as health, love, friendship, and family don't cost anything. Nature's gifts are also free.

건강, 사랑, 우정, 가족 등 삶에서 가장 값진 것들은 돈이 드는 게 아닙니다. 자연의 선물도 공짜랍니다.

Talk Sense Quotation

Now the best things in life are fat free.

이제 삶에서 가장 값진 것은 지방이 전혀 없습니다.

– Ad for Kraft General Foods

Talk Sense Dialogue

Justin After all these years, I finally realized what makes me truly happy.

Mary Your golf club?

Justin Nope. I've realized that the best things in life are free.

Mary I'm surprised you said that. So, what kind of free things make you truly happy?

Justin It's hiking up the hill with you every day, breathing in the fresh air, and looking at the sunset on our way down.

Mary I'm impressed. Thanks for saying that.

저스틴 세월이 지난 뒤에야 나는 드디어 나를 진정 기쁘게 하는 것이 무엇인지 깨달았어.

메리 당신의 골프채?

저스틴 아니. 난 인생에서 가장 값진 것들이 공짜라는 사실을 깨달았지.

메리 당신이 그런 말을 하다니 놀랍네. 그럼, 어떤 공짜 물건들이 당신을 진정으로 기쁘게 하는 거야?

저스틴 당신과 함께 매일 뒷동산에 올라가고, 맑은 공기를 마시며, 내려오는 길에 석양을 바라보는 일이지.

메리 감동 받네. 그렇게 말해 줘서 고마워.

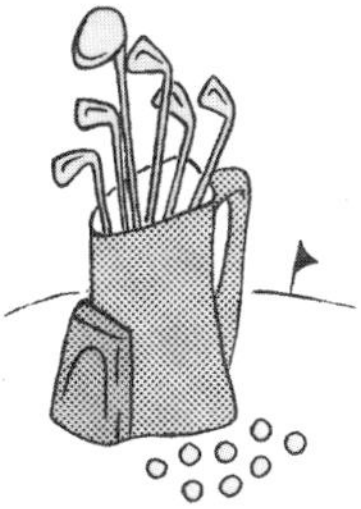

finally 마침내 **realize** 깨닫다 **golf club** 골프채 **free things** 공짜 물건 **hiking** 가벼운 등산 **sunset** 석양, 노을

082 자선은 집에서 시작된다

Charity begins at home.

◎ A person's own family comes before any other responsibilities. A person who is not charitable at home is not charitable outside.

누구에게나 그의 가족이 그 어떠한 책임보다 우선입니다. 집에서 자선을 베풀지 않는 사람은 밖에서도 자선을 베풀 줄 모릅니다.

Talk Sense Quotation

I know well that the world needs a strong America, but we have learned that strength begins at home.

세계는 강한 미국을 필요로 한다는 사실을 잘 알고 있습니다만, 우리는 강한 힘이 집에서부터 시작된다는 것을 배웠습니다.

– Bill Clinton's speech

Talk Sense Dialogue

Mary We should write a will someday. It's better to prepare it early.

Justin I thought about giving all our money to society, like Bill Gates.

Mary Didn't you know that Bill Gates left about 100 million dollars for his children, and then donated the rest of his fortune for his charity?

Justin I had no idea. I thought he donated all of his money to society.

Mary Charity begins at home. We should take care of our children first, and then donate our money.

Justin I guess that makes sense.

메리 우리 언젠가는 유언장을 써야 해. 일찍 준비할수록 좋아.

저스틴 난 빌 게이츠처럼 우리의 돈을 모두 사회에 내놓는 것을 생각해 봤어.

메리 빌 게이츠가 자기 자식들을 위해 1억 달러 정도를 남긴 다음 나머지 재산을 자신의 자선단체에 기부했다는 사실을 몰랐어?

저스틴 전혀 몰랐는데. 난 그가 가진 돈을 전부 다 사회에 내놓은 것으로 생각했어.

메리 자선은 집에서 시작되는 것이지. 우리 자식들부터 챙긴 다음 돈을 기부하는 거야.

저스틴 그게 말이 되는 것 같군.

will 유언장 **prepare** 준비하다 **fortune** 재산 **charity** 자선단체, 자선 **take care of** ~을 돌보다

083

울타리 건너편의 잔디가 항상 더 푸르게 보이는 법이다

The grass is always greener on the other side of the fence.

◎ Other people's lives always seem more desirable than our own. We're never satisfied with what we have.

다른 사람들의 인생이 늘 우리 자신의 인생보다 바람직스럽게 보입니다. 우리는 자기가 가진 것으로는 결코 만족하지 못하나 봅니다.

Talk Sense Quotation

"Sometimes, I'm disappointed that recognition didn't happen earlier for me," he said, "but I guess the grass is always greener on the other side. You always want more than you have."

"때로는 제가 더 일찍 인정을 받지 못한 것에 실망하곤 합니다. 그러나 울타리 건너편의 잔디가 항상 더 푸르게 보이는 것 같습니다. 항상 자기가 가진 것보다 더 많은 것을 원하는 법이죠." 하고 그가 말했다.

– *the New York Times*

Talk Sense Dialogue

Justin It seems that old people in Japan are treated well by society.

Mary Why do you say that?

Justin I read an article that says they have more job opportunities and activities to do.

Mary That's because Japan has a greater number of Silver Generation. So, they have more opportunities for old people.

Justin Do you think Korea will become like that in the future?

Mary No doubt.

Justin Maybe I just thought **the grass was greener on the other side of the fence.**

저스틴 일본에서는 나이 든 사람들에 대한 사회의 대우가 좋은 것 같아.

메리 왜 그런 말 하는데?

저스틴 거기는 노인을 위한 일자리나 활동할 것이 더 많다는 기사를 봤어.

메리 그거야 일본에서는 노년층이 더 많기 때문이지. 그래서 나이 든 사람들을 위한 기회도 더 많은 것이고.

저스틴 한국도 앞으로 그렇게 될까?

메리 물론이지.

저스틴 아마 내가 그냥 울타리 건너편의 잔디가 더 푸르다고 생각했나 봐.

be treated well 좋은 대우를 받다 **job opportunities** 일자리를 얻을 기회 **Silver Generation** 노년층, 노인 세대 **no doubt** 의심의 여지가 없다, 물론이다

084 인생은 짧고 예술은 길다

Life is short, art is long.

◎ A person's legacy will last longer than his or her life. Also can be interpreted as life is too short to properly learn art.

사람의 유산은 그 자신의 인생보다 더 오래 계속될 것입니다. 인생은 예술을 제대로 배우기에는 너무 짧다는 것으로 해석될 수도 있습니다.

Talk Sense Quotation

Art is long, and Time is fleeting, And our hearts, though stout and brave, Still, like muffled drums, are beating Funeral marches to the grave

예술은 길고, 시간은 빨리 지나며, 우리의 가슴은 굳세고 용감할지언정, 소리를 죽인 드럼처럼 장송곡을 연주하며, 잠자코 무덤으로 나아가리라

– Henry Wadsworth Longfellow, A Psalm of Life

Talk Sense Dialogue

Mary I've painted for 15 years, but I'm not recognized. I'm depressed.

Justin Honey, you shouldn't be. I thought you painted because you liked it, not because you wanted to be recognized.

Mary That's true, but not being recognized is like not having the talent. I want to be talented in what I love to do.

Justin You know that life is short and art is long. Even if your paintings aren't recognized now, one day they will be.

Mary You really think so?

Justin I have always admired your works. You are a wonderful painter.

메리 15년 동안 그림을 그렸지만 인정받지 못했어. 나 우울해.

저스틴 자기야, 그러지 마. 난 당신이 인정받으려고 그리는 게 아니라 그림을 좋아해서 그리는 줄 알았는데.

메리 그건 사실이지만, 내가 인정을 받지 못하는 것은 재능이 없다는 것과 마찬가지야. 내가 좋아하는 일에 재능이 있었으면 좋겠어.

저스틴 인생은 짧고 예술은 길다는 것을 알잖아. 당신의 그림이 지금 인정받지 못하더라도 언젠가는 그렇게 될 거야.

메리 정말 그렇게 생각해?

저스틴 난 항상 당신의 작품들에 경탄해 왔는걸. 당신은 훌륭한 화가야.

interpret 통역하다, 해석하다 **be recognized** 알려지다, 인정받다 **be depressed** 우울하다 **shouldn't** ~해서는 안 된다 **talent** 재능 **admire** 감탄하다

085 배보다 눈이 크다

The eyes are bigger than the stomach.

◎ What the eyes see is far more than what one can handle. We desire many things we see, but we can't have as much as we want.

눈에 보이는 것은 사람이 다룰 수 있는 것보다 훨씬 많습니다. 우리는 눈에 보이는 많은 것을 탐하지만, 원하는 만큼 가질 수 없습니다.

Talk Sense Quotation

"I got the feeling Dick's eyes were bigger than his stomach," Hoffman explains. "He expanded too fast and invested some heavy dollars in new sites that didn't pay off."

"난 딕의 눈이 배보다 크다는 느낌을 받았습니다. 그는 너무 빨리 확장을 해 나갔으며 수익이 없는 새로운 사이트에 큰 돈을 투자했습니다." 라고 호프먼은 설명한다.

– *Forbes*

Talk Sense Dialogue

Justin The food at the buffet was great, but I have a stomachache right now.

Mary Do you want me to get you some medicine?

Justin No thanks. I just need some rest.

Mary How much did you eat?

Justin Three full dishes and dessert. I lost control of myself. I tried everything that looked good.

Mary The eyes are bigger than the stomach. That's for sure.

저스틴 뷔페의 음식은 끝내 줬는데, 나 지금 배가 아파.
메리 약 좀 갖다 줄까?
저스틴 아니, 괜찮아. 조금 쉬면 돼.
메리 얼마나 많이 먹었어?
저스틴 세 접시 가득, 그리고 디저트. 내가 자제력을 잃었어. 맛있어 보이는 건 다 먹었거든.
메리 배보다 눈이 크지. 그렇고말고.

pay off 소기의 성과가 나다 **buffet** 뷔페 **stomachache** 복통 **medicine** 약 **rest** 휴식 **full dishes** 음식으로 가득 찬 접시 **dessert** 후식 **lose control of** ~을 억제하지 못하다 **that's for sure** 그것은 확실하다

086 장갑 낀 고양이는 쥐를 잡지 못한다

A cat in gloves catches no mice.

◎ One can't achieve anything if one's too cautious. Remove the distractions that hold you back from achieving your goals.

너무 조심스러우면 아무것도 이룰 수 없습니다. 목표를 달성하는 데 방해되는 요소들을 제거하십시오.

Talk Sense Quotation

Handle your tools without mittens; remember that the cat in gloves catches no mice.

연장을 다룰 때는 벙어리장갑을 끼지 마라. 장갑 낀 고양이는 쥐를 잡지 못한다는 사실을 명심해라.

– *Benjamin Franklin, Poor Richard's Almanac*

Talk Sense Dialogue

Mary I packed your knapsack for your mountain climbing. I put two bottles of water, some gimbab, a pair of socks, a towel, and a shirt.

Justin Honey, it's only a four-hour climb. Don't you think that's too much?

Mary Who knows what could happen in the mountain. It's better to be prepared thoroughly.

Justin That backpack could slow me down. My friends don't bring backpacks like that.

Mary Are you sure about that?

Justin Yes, I am. A cat in gloves catches no mice. I don't want something heavy on my back when I climb up a mountain.

메리 당신이 등산을 한다길래 배낭을 챙겼어. 물 두 병, 김밥, 양말 한 켤레, 타월, 그리고 셔츠를 넣었지.

저스틴 자기야, 그냥 네 시간 만에 돌아올 등산인데. 너무 많다고 생각하지 않아?

메리 산에서 무슨 일이 일어날지 누가 알아. 꼼꼼히 준비를 하는 게 좋아.

저스틴 그 배낭 때문에 빨리 가지 못할 수도 있어. 내 친구들은 그런 배낭 안 가지고 와.

메리 확실해?

저스틴 응, 확실해. 장갑 낀 고양이는 쥐를 잡지 못하지.
산에 올라갈 때 등에 무거운 걸 지고 싶지 않아.

distraction 마음을 산만하게 하는 것 **mitten** 벙어리장갑 **knapsack** 등에 메는 가방, 배낭(= **backpack**) **be prepared** 준비되다 **thoroughly** 꼼꼼히 **slow down** 늦추다 **heavy** 무거운

087 잔치 뒤에 계산서가 날아온다

After the feast comes the reckoning.

◎ You have to pay for excessive pleasures. Calculate how much you can spend before you spend.

과도한 향락에는 대가를 지불해야 합니다. 돈을 쓰기 전에 얼마나 쓸 수 있는지를 먼저 계산해 보세요.

Talk Sense Quotation

If you're going to feast the night away, remember that after the feast comes the reckoning.

밤새도록 잔치를 할 것이라면 잔치 뒤에 계산서가 날아온다는 사실을 명심하세요.

– *New York Post, Restaurant Critique*

Talk Sense Dialogue

Justin Our trip to Hong Kong was so good. Let's go again soon.

Mary I'd love to, but maybe you should take a look at our credit card bill.

Justin We just came back today. Did it already arrive?

Mary See for yourself.

Justin Holy cow! Did we really spend this much?

Mary After the feast comes the reckoning. I don't think we can afford to eat out for three months.

저스틴 우리 홍콩 여행은 너무 좋았어. 곧 또 가자.

메리 나도 그러고 싶지만, 아무래도 당신이 우리 신용카드 청구서를 한번 봐야겠어.

저스틴 우리 오늘 돌아왔잖아. 그게 벌써 도착했어?

메리 직접 확인해 봐.

저스틴 세상에! 우리가 진짜 이렇게 많이 썼어?

메리 잔치 뒤에 계산서가 날아오는 법이지.
우리 세 달 동안은 외식할 여유가 없을 것 같아.

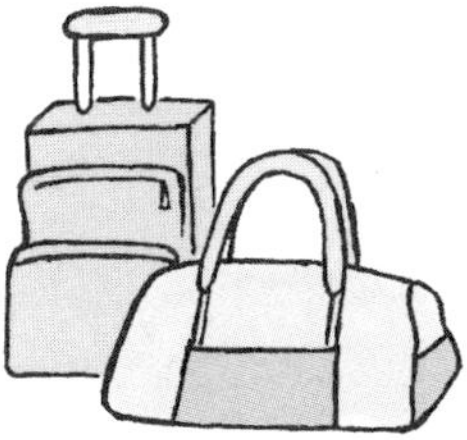

feast 축제, 잔치 **trip** 여행 **credit card** 신용카드 **bill** 청구서 **for yourself** 스스로, 직접 **holy cow** 세상에 **afford to** ~할 여유가 있다 **eat out** 외식하다

088 행동은 말보다 강하다

Actions speak louder than words.

◎ Action is more effective than talk. A person is usually judged less by the way he speaks than by the way he acts.

행동이 말보다 효과적입니다. 사람은 주로 말하는 방식보다 행동하는 방식으로 판단됩니다.

Talk Sense Quotation

Actions speak louder than words. Perhaps the first thing parents should consider when their child lies is how prone they are to lying themselves.

행동은 말보다 요란합니다. 아이들이 거짓말을 할 때 부모들은 먼저 자신들이 얼마나 거짓말을 하는지 고려해 봐야 합니다.

– *Reader's Digest*

Talk Sense Dialogue

Mary Do you remember the organic grocery store where I used to order apples?

Justin Oh, those expensive apples?

Mary Anyway, instead of ordering by phone, I paid a visit to the store. And guess what happened?

Justin What?

Mary I told them that I ordered frequently by phone, and they gave me a discount.

Justin That's good. It seems that actions speak louder than words.

메리 내가 사과를 주문하던 유기농 가게를 기억해?

저스틴 아, 그 비싼 사과?

메리 아무튼 전화로 주문하는 대신에 가게에 직접 찾아갔어. 그랬더니 무슨 일이 있었는지 알아?

저스틴 무슨 일?

메리 내가 전화로 종종 주문한다고 말하니까 깎아 주더라.

저스틴 그거 좋은 일이군. 행동이 말보다 강한 것 같군.

prone ~의 경향이 있는 **organic** 유기농의 **grocery store** 식품점 **order** 주문 **expensive** 비싼 **instead of** ~대신에 **pay a visit** 직접 가다 **frequently** 자주, 종종 **discount** 할인

089 안 하는 것보다 늦게라도 하는 것이 좋다

Better late than never.

◎ It is better when something is done late, or when something good happens late, than never at all.

늦게라도 무슨 일을 하거나 좋은 일이 늦게 일어나는 것이 일을 아예 안 하는 것보다 낫습니다.

Talk Sense Quotation

When a fellow rider complained about having to take this transportation [the freight elevator], my boss replied philosophically, "Better freight than never!"

함께 탄 사람이 화물 엘리베이터를 타야 한다는 사실에 대해 불평하자 우리 사장은 냉정하게 대답했다. "화물 엘리베이터도 없는 것보단 낫지!"

– *Reader's Digest*

Talk Sense Dialogue

Justin I've always wanted to try indoor rock climbing, but I guess I'm too old for that.

Mary You shouldn't say that. Don't you know that it's better late than never?

Justin But I'm too old. My grip won't be strong enough to pull myself up.

Mary Honey, your grip is very strong. Not many men can split an apple with their hands.

Justin Oh, really? People say I have a firm grip when I give them a handshake.

Mary See, I told you. Let's find out if there's an indoor rock climbing center around town.

저스틴 나 실내 암벽등반을 꼭 해보고 싶었는데 이제 그러기에는 너무 늙었나 봐.
메리 그런 말 하지 마. 결코 하지 않는 것보다 늦게라도 하는 게 좋다는 걸 몰라?
저스틴 하지만 난 너무 늙었어. 내 몸을 끌어올릴 만큼 내 악력이 강하지 않을 거야.
메리 자기야, 당신 악력은 대단해. 사과를 손으로 쪼갤 수 있는 남자는 많지 않아.
저스틴 아, 정말? 악수할 때 사람들이 내 쥐는 힘이 강하다는 말을 하긴 했는데.
메리 거 봐, 내가 말했잖아. 우리 동네 근처에 실내 암벽등반 센터가 있는지 한번 찾아보자.

indoor 실내 **too** 너무 **grip** 악력 **pull up** 끌어올리다 **split** 쪼개다, 나누다 **handshake** 악수 **around town** 동네 근처에

090

성급하면 낭비하게 된다

Haste makes waste.

◎ It's better to be careful and conscientious than to cut corners. When one hurries too much, mistakes are bound to happen.

조심스럽고 양심적인 것이 질러가는 것보다 좋습니다. 너무 서두르면 실수가 일어나게 마련입니다.

Talk Sense Quotation

Haste makes waste, Purvis. Haste makes waste. If I've told you that once, I must have told you that a hundred times. Haste makes waste.

성급하면 낭비하게 돼, 퍼비스. 성급하면 낭비하게 된다니까. 내가 일단 그 말을 했으면 백 번쯤 말했을 게 틀림없어. 성급하면 낭비하게 된다니까.

– *Joseph Heller, Catch–22*

Talk Sense Dialogue

Mary Honey, would you like bibimbab for dinner?

Justin I thought you were making sweet-and-sour pork tonight.

Mary I was going to, but I hurried too much, making the sauce and frying the pork at the same time.

Justin And?

Mary Well, I burned the pork and the sauce tastes terrible. It's not edible.

Justin Haste makes waste. It might be a good idea to go slow with the bibimbab.

메리 자기야, 저녁 식사로 비빔밥 먹을래?

저스틴 오늘 저녁은 당신이 탕수육을 만드는 줄 알았는데.

메리 그러려고 했지만 너무 서둘렀지 뭐야.
소스를 만들면서 동시에 돼지고기를 볶았어.

저스틴 그래서?

메리 그러다가 돼지고기는 탔고 소스는 너무 맛이 없어.
먹을 수 없을 정도야.

저스틴 성급하면 낭비하게 되지. 비빔밥은 천천히 만드는 게 좋을 것 같은데.

conscientious 양심적인 **dinner** 저녁 식사 **sweet** 달콤한 **sour** 시큼한 **hurry** 서두르다 **fry** 튀기다 **burn** 태우다 **edible** 먹을 수 있는 **haste** 급함, 서두름 **waste** 낭비, 쓰레기

091

장님의 나라에서는 애꾸눈이 왕이다

In the country of the blind, the one-eyed man is king.

◎ Something is excellent relative to other things of similar nature. Among incompetents, however, even mediocrity passes for brilliance.

어떤 것이 뛰어나다는 것은 비슷한 것들을 비교할 때의 상대적인 얘기입니다. 그러나 무능한 자들 사이에서는 범재도 똑똑하다는 취급을 받습니다.

Talk Sense Quotation

Referring to the process by which advertising is scrutinized by agencies before being released, he added, "Testing is a crunch the one-eyed use to beat up the blind."

광고회사들이 광고를 내보내기 전에 꼼꼼히 살펴보는 과정에 대해 언급하면서 그는 이렇게 덧붙였다. "광고 테스트를 하는 것은 애꾸눈이 장님을 쥐어박기 위해 결정적 시기를 노리는 것과 같다."

– the New York Times

Talk Sense Dialogue

Justin Guess where I went.

Mary You tell me.

Justin As a present, I was going to get you membership at a Russian cooking class. I know you like to learn new things.

Mary That sounds interesting. Did you sign me up?

Justin No, I couldn't. When the instructor gave me a sampling, I almost had to spit it out. I don't think Russian food tastes as bad as what she gave me.

Mary Not many people know what Russian food tastes like. **In the country of the blind, the one-eyed man is king.**

저스틴 내가 어디 갔었는지 알아맞혀 볼래?

메리 말해 줘.

저스틴 당신한테 러시아 요리 수강증을 선물로 주려고 했어.
당신은 새로운 것을 배우는 걸 좋아하잖아.

메리 그거 재미있겠군. 신청했어?

저스틴 아니, 그러지 못했어. 강사가 시식 요리를 줬을 때 하마터면 뱉을 뻔했어.
내 생각에 러시아 음식이 그녀가 나한테 준 것처럼 맛이 없을 것 같지는 않은데.

메리 러시아 요리가 어떤지 아는 사람은 드물지. 장님의 나라에서는 애꾸눈이 왕이라니까.

incompetent 무능력자 **mediocrity** 평범한 사람 **pass for** ~으로 통하다 **brilliance** 탁월 **scrutinize** 자세히 조사하다 **guess** 추측하다, 알아맞히다 **membership** 회원증, 회원 자격 **sign up** 신청하다 **spit** 뱉다

092

무소식이 희소식이다

No news is good news.

◎ If one hears nothing from or about another person, then everything must be O.K. and nothing bad has occurred.

어떤 사람에게서 편지를 받지 못하거나 또는 그에 대한 아무런 소식을 듣지 못한다면 모든 것이 괜찮고 나쁜 일이 생기지 않았다는 뜻입니다.

Talk Sense Quotation

Everywhere, women gathered in knots, huddled in groups on front porches, on sidewalks, even in the middle of the streets, telling each other that no news is good news, trying to comfort each other, trying to present a brave appearance.

여자들은 현관 앞이나 인도, 심지어 길 한가운데 등 어디서나 옹기종기 무리를 지어 모였고, 무소식이 희소식이라는 것을 서로에게 말하며 서로를 위로하고, 용기 있는 모습을 보여주려 애쓰고 있었다.

– *Margaret Mitchell, Gone with the Wind*

Talk Sense Dialogue

Mary I wonder how Jane is doing.

Justin Isn't she your friend who had cancer?

Mary Yes. I'm worried about her. I want to call and ask if she's okay.

Justin That might not be a good idea.

Mary Why not?

Justin It might look like pity. No news is good news.

메리 제인 소식이 궁금하네.

저스틴 암 걸렸다는 당신 친구 아니야?

메리 맞아. 그 친구가 걱정 되네. 전화해서 어떤지 물어보고 싶어.

저스틴 그건 좋은 생각이 아닐 것 같은데.

메리 아니 왜?

저스틴 동정하는 것처럼 보일 수 있으니까.
무소식이 희소식이야.

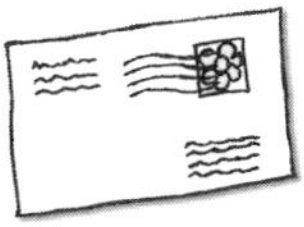

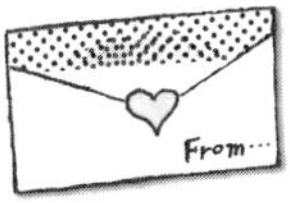

📖 **gather in knots** 삼삼오오 모이다 **wonder** 궁금하게 생각하다 **cancer** 암 **be worried about** ~에 대해 걱정하다 **pity** 동정심

093 뿌린 만큼 거둔다

You reap what you sow.

◎ People bear responsibility for the results of their actions. If the intentions are good, the results will be good.

사람들은 자기 행동의 결과에 대해 책임을 져야 합니다. 의도가 좋았다면 결과가 좋을 것입니다.

Talk Sense Quotation

Be not deceived; God is not mocked: for whatsoever a man soweth, that shall he also reap.

속지 마라. 하나님은 속일 수 없다. 사람은 뿌린 만큼 거두는 법이다.

– Galatians 6:7

Talk Sense Dialogue

Justin Did you hear the news that an owner of a small gimbab eatery donated 1 billion won to a university?

Mary No, I didn't. Who would've known that you could earn so much from a gimbab eatery.

Justin The article said that she made gimbab for 15 hours a day, and saved money for 20 years.

Mary Wow! Most people don't even work that hard, but complain that they have no money.

Justin You reap what you sow. It's admirable that she decided to donate all her savings.

Mary The school should make a scholarship in her name.

저스틴 한 작은 김밥 집 주인이 대학교에 10억 원을 기부했다는 뉴스 들었어?

메리 아니. 김밥 집에서 그렇게 돈을 많이 벌 줄 누가 알았겠어.

저스틴 기사에 따르면 그 주인은 하루에 15시간씩 김밥을 만들었고 20년 동안 돈을 모았다고 하더라.

메리 야! 대부분의 사람들은 그렇게 열심히 일하지도 않으면서 돈이 없다고 불평만 하는데.

저스틴 뿌린 만큼 거두는 법이지. 자기가 모은 돈을 모두 기부하기로 한 것은 존경할 만하네.

메리 그 학교는 그 주인의 이름으로 장학금을 만들어야겠다.

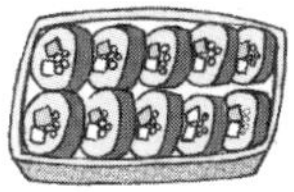

eatery 간이 식당 **who would've known** 누가 알았을까 **save money** 돈을 모으다 **complain** 불평하다 **admirable** 존경할 만한 **savings** 모은 돈, 예금 **scholarship** 장학금

094 내 원수의 적은 내 친구다

The enemy of my enemy is my friend.

◎ Opponents of the same person naturally become allies. Of course, proponents of the same person become allies as well.

같은 사람을 적으로 둔 사람들끼리는 자연스럽게 동맹자가 됩니다. 물론 같은 사람을 옹호하는 사람들끼리도 동맹자가 됩니다.

Talk Sense Quotation

Up to now, Israel followed the ancient adage of "the enemy of my enemy is my friend."

여태껏 이스라엘은 '내 원수의 적은 내 친구'라는 격언을 따랐다.

– *the New York Times*

Talk Sense Dialogue

Mary I had such a fun time at my high school reunion.

Justin Tell me about it.

Mary I met a friend whom I haven't seen for 10 years, but we immediately bonded.

Justin How's that possible?

Mary We hated the same girl so much. So, I asked if she remembered those times. And the stories continued on and on.

Justin That's interesting. You know they say the enemy of my enemy is my friend.

메리 고등학교 동창회에서 매우 재미있는 시간을 보냈어.

저스틴 어땠는지 말해 줘.

메리 10년 동안 보지 못한 친구를 만났는데 금세 친해졌어.

저스틴 어떻게 그게 가능하지?

메리 우리가 같은 여자애를 너무 싫어했거든. 그래서 그 친구한테 그때를 기억하느냐고 물어 봤지. 그 다음에 이야기가 계속 이어진 거야.

저스틴 그거 흥미롭네. 내 원수의 적은 내 친구라는 말이 있잖아.

opponent 적, 상대 **ally** 동맹자, 자기 편 **proponent** 지지자 **such a fun time** 아주 즐거운 시간 **immediately** 금세, 당장 **bond** 뭉치다, 친해지다 **possible** 가능한 **on and on** 계속

095 나쁜 소식은 빨리 전달된다

Bad news travels fast.

◎ News about people's problems and misfortunes spreads like wildfire, much faster than good news.

사람들의 문제점이나 불행한 소식은 좋은 소식보다 훨씬 더 빨리 퍼져 나갑니다.

Talk Sense Quotation

"I was greatly disturbed to hear of your recent conduct," ran Ellen's letter and Scarlett, who was reading it at the table, scowled. Bad news certainly traveled swiftly.

'당신의 최근 행동 때문에 심기가 매우 불편합니다.' 라고 엘렌의 편지에는 적혀 있었다. 테이블에서 그것을 읽던 스칼렛은 얼굴을 찌푸렸다. 나쁜 소식은 분명히 빠르게 전달되었던 것이다.

– *Margaret Mitchell, Gone with the Wind*

Talk Sense Dialogue

Justin Turn on the TV. There's breaking news about an earthquake in China.

Mary There was an earthquake in China?

Justin It happened an hour ago.

Mary And they're already showing the footage?

Justin Apparently so. I'm surprised about it too.

Mary **Bad news travels so fast.**

저스틴 TV를 켜 봐. 중국에서 지진이 일어났다는 속보가 있어.
메리 중국에서 지진이 있었어?
저스틴 한 시간 전에 일어났어.
메리 그런데 벌써 그 장면을 보여주고 있어?
저스틴 그런 것 같아. 나도 놀랐어.
메리 나쁜 소식은 정말 빨리 전달된다니까.

spread like widfire (소문 따위가) 삽시간에 퍼지다 **scowl** 얼굴을 찌푸리다
breaking news 속보 **earthquake** 지진 **footage** 장면, 화면 **be surprised** 놀라다

096 번개는 같은 곳에 두 번 치지 않는다

Lightning never strikes twice in the same place.

◎ The same misfortune won't happen twice to the same person. If an unusual event repeats under the same circumstances, that's science.

같은 불행이 같은 사람에게 두 번 일어나지는 않을 것입니다. 범상치 않은 사건이 같은 상황에서 반복되면 그것은 과학입니다.

Talk Sense Quotation

Lighting never strikes twice in the same place, nor cannon balls either, I presume.

번개는 같은 곳에 두 번 치지 않으며 포탄도 그럴 것이라 생각한다.

– P. H. Myers, Thrilling Adventures of the Prisoner of the Border

Talk Sense Dialogue

Mary Why do you always buy your Lotto tickets at the store near the bus stop?

Justin That's the place where I bought my 4th place ticket. I hope something like that happens again.

Mary Don't you know that lightning never strikes twice in the same place?

Justin Lotto is different. A store in Jeolla-do had four first place winners. That's statistically impossible.

Mary Are you sure about that?

Justin Yes. I saw it in a newspaper. And I like buying my Lotto tickets at the same place.

메리 당신은 왜 항상 버스 정류장 근처에 있는 가게에서 로또를 사?

저스틴 거기서 산 것이 4등이 되었거든. 그런 일이 또 벌어지기를 바라는 것이지.

메리 번개는 같은 곳에 두 번 치지 않는다는 사실을 몰라?

저스틴 로또는 달라. 전라도에 있는 한 가게에서 1등 당첨자가 네 명이나 나왔어. 그건 통계적으로 불가능해.

메리 확실해?

저스틴 응. 신문에서 봤어. 그리고 난 같은 곳에서 로또 복권 사는 것을 좋아해.

presume 추정하다 **near** ~에 가까운 **first place** 1등 **statistically** 통계적으로 **impossible** 불가능한 **the same place** 같은 곳

097

나무는 그 열매로 알 수 있다

A tree is known by its fruit.

◎ Parents will be judged by the character of their children, and teachers will be respected by the ability of their students.

자식들의 성품으로 부모들이 판단되며, 학생들의 능력으로 선생님이 존경 받을 것입니다.

Talk Sense Quotation

Either make the tree good, and his fruit good; or else make the tree corrupt, and his fruit corrupt: for the tree is known by his fruit.

좋은 열매를 얻으려거든 좋은 나무를 길러라. 나무가 나쁘면 열매도 나쁘다. 열매를 보고 나무를 알 수 있다.

– Matthew 12:33

Talk Sense Dialogue

Justin You look happy today.

Mary The knife I ordered came. It's a German product.

Justin Oh, the twin knife?

Mary Yup. You have no idea how well it cuts. Preparing food will be easier from now on.

Justin Germans make iron products really well. I guess it's because they have elaborate craftsmanship.

Mary A tree is known by its fruit. Germans are known to be meticulous because of their products.

저스틴 당신 오늘 기분 좋아 보이네.
메리 내가 주문한 칼이 왔어. 이거 독일 제품이야.
저스틴 아, 그 쌍둥이 칼?
메리 응. 당신은 이게 얼마나 잘 드는지 모를걸. 음식 준비가 이제부터 훨씬 쉬워지겠어.
저스틴 독일인들은 철 제품을 정말 잘 만든다니까. 아마 정교한 기예가 있기 때문인 것 같아.
메리 나무는 그 열매로 알 수가 있지. 독일인들은 그들의 제품 때문에 꼼꼼하다고 알려져 있어.

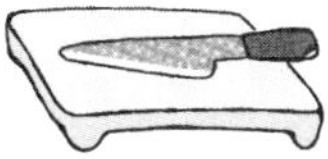

corrupt 썩은 **order** 주문하다 **twin** 쌍둥이 **prepare** 준비하다 **iron** 철 **elaborate** 정교한 **craftsmanship** (장인의) 솜씨, 기능 **meticulous** 꼼꼼한, 정확한

098

연기가 있는 곳에 불이 있다

Where there's smoke, there's fire.

◎ When there is evidence of a problem, there probably is a problem. If there is a rumor, perhaps something is going on.

어떤 문제에 대한 증거가 있을 때에는 십중팔구 문제가 있습니다. 소문이 있으면 아마 무슨 일이 일어나고 있을 것입니다.

Talk Sense Quotation

WHERE THERE'S SMOKE, THERE'S A CAMPAIGN

연기가 나는 곳에는 캠페인이 있다

– the New York Times, Headline

Talk Sense Dialogue

Mary My friend Maggie is getting a divorce.

Justin Isn't she your friend who thought her husband was cheating on her?

Mary Yes. She couldn't overcome her suspicions, so they finally agreed to have a divorce.

Justin I wonder if the husband really cheated.

Mary Where there's smoke, there's fire. She barely saw her husband's face for the past three years.

Justin He might've been a workaholic. In any case, that's a sad story.

메리 내 친구 매기가 이혼을 해.

저스틴 자기 남편이 바람을 피운다고 생각했던 당신 친구 아냐?

메리 응. 자기의 의심을 떨쳐내지 못해 마침내 이혼하기로 했어.

저스틴 그 남편이 진짜로 바람을 피웠는지 궁금하네.

메리 연기가 있는 곳에 불이 있게 마련이지. 그 친구는 3년 동안 자기 남편의 얼굴을 거의 보지 못했대.

저스틴 그 남자가 일에 중독된 사람일 수도 있잖아. 어쨌든 슬픈 얘기네.

evidence 증거 **rumor** 소문 **cheat** 바람 피우다 **overcome** 극복하다, 털어내다 **suspicion** 의심 **finally** 결국은, 마침내 **agree** 동의하다 **barely** 겨우, 거의 ~ 않다 **workaholic** 일벌레

099

아이를 키우기 위해서는 마을이 필요하다

It takes a village to raise a child.

◎ Raising a child well is a communal effort. A good community has a good environment for raising a child.

아이를 잘 키우는 것은 공동사회의 노력이 필요한 일입니다. 좋은 지역사회는 아이를 키우기에 좋은 환경을 가지고 있습니다.

Talk Sense Quotation

We have learned that to raise a happy, healthy, and hopeful child, it takes a family, it takes teachers, it takes clergy, it takes business people, it takes community leaders, it takes those who protect our health and safety, it takes all of us. Yes, it takes a village.

행복하고 건강하며 희망을 지닌 아이를 키우려면 가족, 교사, 성직자, 사업가, 지역사회 지도자, 우리의 건강과 안전을 지켜 주는 사람들 등 우리 모두가 필요하다는 사실을 우리는 배웠습니다. 그렇습니다. 마을이 필요합니다.

– *Hilary Clinton, It Takes a Village*

Talk Sense Dialogue

Justin I was driving by the orphanage in our neighborhood and I saw the kids running around, and I felt sorry for them.

Mary Why?

Justin They were so skinny, as if they didn't have enough food to eat. What do you think about making some food for them?

Mary Well, there are about thirty kids living there and it's difficult for me to cook for thirty people.

Justin I see. Maybe we could donate some money. It does take a village to raise a child.

Mary Since the orphanage is in our neighborhood, I do feel a sense of responsibility. Let's visit the place and donate our money.

저스틴 차를 타고 가다 우리 동네에 있는 고아원을 지나면서 애들이 뛰어 노는 것을 보니 측은한 마음이 들더라.
메리 왜?
저스틴 먹을 음식이 충분하지 않은 것처럼 너무 야위었어. 그 아이들을 위해 음식을 좀 만들어 주는 게 어때?
메리 거기에 약 서른 명의 아이들이 살고 있는데, 내가 서른 명을 위해 음식을 만들기는 힘들어.
저스틴 그렇구나. 어쩌면 돈을 기부할 수도 있을 거야. 아이를 키우는 데에는 마을이 필요하대잖아.
메리 그 고아원이 우리 동네에 있으니까 나도 책임감을 느껴. 우리 거기를 찾아가서 돈을 기부하자.

clergy 성직자들 **drive by** ~을 차를 타고 지나가다 **neighborhood** 동네 **skinny** 마른

100

결혼하기 전에는 눈을 크게 뜨고
결혼하고 나서는 반쯤 감아라.

Keep your eyes wide open before marriage and half shut afterwards.

◎ Be careful not to marry the wrong person; but once you've made a commitment, be tolerant of your spouse's shortcomings.

자기와 어울리지 않는 사람과 결혼하지 않도록 조심하세요. 그러나 한번 서약을 맺었으면 배우자의 단점에 대해 너그러우세요.

Talk Sense Quotation

"Another drink! Sometimes I wonder why I married you!"
"There's an old proverb: Enter into marriage with both eyes open. After you marry, shut one."

"술 한잔 더! 때때로 내가 왜 당신과 결혼했는지 모르겠다니까!"
"오래된 속담이 있어. 결혼할 때는 두 눈을 떠라. 결혼하고 나서는 한쪽 눈을 감아라."

– Beetle Bailey

Talk Sense Dialogue

Mary I had lunch with my niece and I gave her some advice about marriage.

Justin What kind of advice did you give to her?

Mary I told her to keep her eyes wide open before marriage and half shut afterwards.

Justin Hmm.... Did you have that idea before you married me?

Mary Nope. It's a lesson I learned after I married you. I looked around a lot and selected you, but after marriage, I accepted your shortcomings.

Justin Oh, I see. Well, my eyes are completely shut!

메리 조카랑 점심을 먹으면서 결혼에 대해 조언을 좀 해줬어.
저스틴 어떤 조언을 해줬는데?
메리 결혼하기 전에는 눈을 크게 뜨고 결혼하고 나서는 반쯤 감으라고 했어.
저스틴 흠…. 당신이 나하고 결혼하기 전에도 그런 생각을 했어?
메리 아니. 내가 당신과 결혼하고 나서 배운 교훈이지. 나는 많이 둘러보고 당신을 선택했고, 결혼하고 나서는 당신이 부족한 것도 용납했어.
저스틴 아, 그래. 그런데 내 눈은 완전히 감겨 있거든!

make a commitment 확약하다 **spouse** 배우자 **shortcoming** 단점 **niece** 조카 **advice** 조언 **idea** 생각 **lesson** 교훈 **look around** 둘러보다 **select** 선택하다 **accept** 받아들이다 **shortcoming** 결점, 부족

101

끝이 좋으면 다 좋다

All's well that ends well.

◎ If the result of something is positive, any previous difficulties do not matter. Wish for the best, and proceed with hope.

어떤 것에 대한 결과가 좋으면 이전의 어떤 어려움도 아무 문제가 되지 않습니다. 최고를 꿈꾸며, 희망을 가지고 전진하세요.

Talk Sense Quotation

The obstetrician smiled. "All's well that ends well," he remarked, and then turned to his neonatologist and said, "You can take over from here, Laura."

산과 전문의가 웃으면서 말했다. "끝이 좋으면 모든 게 다 좋은 법이죠." 그리고 신생아 전문의에게 말했다. "로라, 여기서부터는 당신이 맡아요."

– Erich Segal, Doctors

Talk Sense Dialogue

Justin I love this novel I'm reading. It's called *The Dark Life*.

Mary I thought you said it was boring at first.

Justin I did. But it has a surprise ending that is so good.

Mary Tell me about it.

Justin You should read it yourself. You might be bored at first, but wait until the story finishes.

Mary Okay, I'll read it. All's well that ends well.

저스틴 내가 읽고 있는 이 소설이 너무 좋아. 제목은 《어두운 인생》이야.

메리 처음에는 지루하다고 했잖아.

저스틴 그랬지. 근데 결말의 반전이 너무 좋아.

메리 말해 줘.

저스틴 직접 읽어 봐. 처음에는 지루할지 모르지만 이야기가 끝날 때까지 기다려.

메리 알았어, 읽어 볼게. 끝이 좋으면 모든 게 다 좋지.

proceed 나아가다 **obstetrician** 산과의 **neonatologist** 신생아 전문의 **novel** 소설 **boring** 재미없는, 따분한 **surprise ending** 놀라운 결말, 반전

Review

081 **Father:** Son, I think you're too materialistic. It seems that you always think that the most expensive things are the best things. You spend way too much money, but one day you will realize that 인생에서 가장 값진 것들은 공짜다. Those include the love you feel for another human being, the appreciation for nature, and the sense of accomplishment. From what I see, you don't appreciate the things that are free just because they're free. Come to your senses and stop spending money as a way to find your happiness.

---

082 **Mother:** I heard you talk with your friends over the phone. I was surprised that you could be so nice to others while you shun your family members from conversation. What's wrong, Elaine? Why do you push your family away? You should know that 자선은 집에서 시작된다. You should spend more time at home with your family instead of seeing your friends all the time. One day you will regret if you don't take my advice.

---

083 **Lady:** I wish that I lived in France, where the cultural life is so enriched.

Friend: From what I've heard, France is more approachable when you go there as a tourist. Usually people living in their own country do not appreciate what they have. As they say, 울타리 건너편의 잔디가 항상 더 푸르게 보이는 거야.

---

084 **Music teacher:** We will listen to Beethoven's music in class today. His music shows us why 인생은 짧고 예술은 길다. His music will be listened to as long as humanity lasts. After you listen to his music in class, I would like you to write an essay as to why you think his music is great.

Student: What if we think his music is not great?

Music teacher: Then write an essay on why you think it's not great. But I doubt you'll get a good grade for such an essay.

아버지: 얘야, 난 네가 너무 물질주의적이라고 생각한다. 너는 가장 비싼 게 가장 좋은 것이라고 생각하는 것 같아. 넌 돈을 너무 많이 쓰고 있어. 언젠가는 the best things in life are free 라는 사실을 깨닫게 될 거야. 다른 사람을 사랑하는 마음, 자연에 대한 고마움, 그리고 성취감이 바로 그런 것들이다. 내가 보기에 너는 공짜인 것들에 대해 단지 공짜이기 때문에 고마워하지 않는 것 같다. 정신을 차리고 행복을 찾기 위해 돈을 쓰는 것을 그만두도록 해라.

materialistic 물질주의적인 **expensive** 값비싼 **way too much** 너무 많은 **appreciation** 고마움 **accomplishment** 성취 **appreciate** 고마워하다 **come to one's senses** 정신을 차리다

어머니: 네가 친구들하고 전화로 얘기하는 것을 들었다. 가족들하고는 대화를 단절하면서 다른 사람한테는 그렇게 친절할 수 있다는 데에 놀랐다. 일레인, 무엇이 잘못된 거니? 왜 너의 가족들을 멀리하는 거니? 넌 charity begins at home 라는 사실을 알아야지. 항상 친구들하고 시간을 보내는 대신에 집에서 가족들하고 보내는 시간을 늘려야 해. 내 조언을 듣지 않으면 언젠가 후회할 거야.

over the phone 전화로 **shun** 피하다, 멀리하다 **all the time** 항상 **regret** 후회하다

숙녀: 나는 문화생활이 풍요로운 프랑스에서 살았으면 좋겠어
친구: 내가 들은 바로는 프랑스는 관광객으로 갈 때 더욱 접근하기 쉬운 나라래. 보통 자기 나라에 사는 사람들은 자기들이 가진 것을 고마워하지 않는 법이지. 흔히 말하듯 the grass is always greener on the other side of the fence.

cultural life 문화생활 **enriched** 풍요로운 **approachable** 접근할 수 있는 **tourist** 관광객

음악 교사: 오늘 수업 시간에 베토벤의 음악을 들을 것이다. 그의 음악은 왜 life is short, art is long 인지를 가르쳐 준다. 그의 음악은 인류가 지속되는 한 계속 듣게 될 것이다. 수업 시간에 그의 음악을 들은 뒤 왜 그의 음악이 위대하다고 생각하는지에 대해 글을 쓰기를 바란다.
학생: 그의 음악이 위대하지 않다고 생각되면 어쩌죠?
음악 교사: 그럼 그의 음악이 왜 위대하지 않은지에 대한 것을 쓰면 되지. 하지만 그런 글로 좋은 점수를 받을 수 있을지 의심스럽구나.

humanity 인류 **last** 지속하다 **what if** ~하면 어떤가 **doubt** 의심하다

Talk Sense Review

085 **Man:** Do you think human life is based on greed? As soon as we get something, we want another thing.
Friend: That's true, but greed advances us.
Man: And at the same time, it brings us conflict.
Friend: 배보다 눈이 큰 법이지. Always has been, always will be.

086 **Mother:** Eugene, your academy teacher told me that you are so quiet in class. I hear you never ask any questions.
Eugene: I was just being polite.
Mother: But don't you know 장갑 낀 고양이는 쥐를 잡지 못한다? I'm paying a lot for you to attend that academy. I hope you will be more aggressive with your learning.

087 **Woman:** I'm in trouble.
Friend: What's the matter?
Woman: My credit card bill from last month is more than I expected.
Friend: You should've known better. 잔치 뒤에는 계산서가 날아오잖아.

088 **Man:** I like Su-jin so much but I never talked to her. What should I do?
Friend: Talk to her.
Man: I know, I know. But how?
Friend: Go to her, say hi and start talking with her.
Man: That's easy to say, but hard to do.
Friend: 행동은 말보다 강하단다.

남자: 인간 생활이 탐욕을 바탕으로 하고 있다고 생각하니? 우리는 무엇인가를 얻자마자 또 다른 것을 원하잖아.
친구: 그건 사실이지만 탐욕은 우리를 발전시키지.
남자: 그리고 동시에 우리에게 갈등을 가져다 주지.
친구: The eyes are bigger than the stomach. 항상 그랬고, 항상 그럴 거야.

📖 **greed** 탐욕 **as soon as** ~하자마자 **advance** 전진시키다 **conflict** 갈등

어머니: 유진, 네 학원 선생이 네가 너무 조용하다더구나. 네가 질문을 전혀 하지 않는다네.
유진: 전 그냥 예의를 지킨 것인데요.
어머니: 하지만 넌 a cat in gloves catches no mice 라는 사실을 모르니? 네가 그 학원을 다니기 위해서 난 돈을 많이 내고 있어. 네가 배우는 데에 좀더 적극적이었으면 좋겠구나.

📖 **academy** 학원 **polite** 예의 바른, 정중한 **attend** 들어가다, 다니다 **aggressive** 적극적인, 과감한

여자: 나 큰일 났어.
친구: 무슨 일인데?
여자: 지난 달 신용카드 청구액이 예상했던 것보다 많아.
친구: 철이 들어야지. After the feast comes the reckoning.

📖 **expect** 예상하다 **know better** 철이 들다

남자: 나는 수진이가 정말 좋은데, 얘기해 본 적이 없어. 어떻게 해야 하지?
친구: 그녀에게 얘기를 해봐.
남자: 알아, 알아. 하지만 어떻게?
친구: 그녀한테 가서 안녕이라고 말한 다음에 얘기를 시작해.
남자: 그게 말로는 쉽지만 하기는 어려워.
친구: Actions speak louder than words.

📖 **start ~ing** ~하기 시작하다

Talk Sense Review

089 **Student:** I'm interested in registering for an English class. But the problem is, I'm really bad at English. Do you think I should learn Chinese instead? I know some Chinese characters.
Academy consultant: If you're interested in moving to China, then you should learn Chinese. But if you plan to work in Korea, English is more valuable. The Chinese won't respect you for speaking Chinese like them; they respect Koreans who speak good English.
Student: But I heard that if you're too old, you can't learn English.
Academy consultant: We have many old students and they are happy with our program. 영어를 결코 배우지 않는 것보다 늦게라도 배우는 게 좋습니다.

---

090 **Student:** I didn't get an A^+ in my architecture class because my final project wasn't that impressive.
Friend: That's too bad. You studied so hard this semester.
Student: I know. I had so many final projects and I only had a day for this project. I was careless. I learned a lesson that 성급하면 낭비하게 된다.
Friend: I think you're a good student. Don't be too hard on yourself.

---

091 **Wife:** I was so angry today.
Husband: What's wrong?
Wife: The refrigerator technician charged too much. He said that he was the only technician who could fix our German refrigerator. Supposedly, the parts are different from Korean refrigerators.
Husband: That's a lie. How different can the parts be? You shouldn't have bought a German refrigerator in the first place.
Wife: It's not my fault. 장님의 나라에서는 애꾸눈이 왕이잖아. We are just unlucky.

학생: 영어 수업에 등록하려고 합니다. 그런데 문제는 제가 영어를 정말 못한다는 사실입니다. 제가 중국어를 대신 배워야 할까요? 한자는 조금 알거든요.

학원 상담가: 중국에 가는 데에 관심이 있다면 중국어를 배워야 합니다. 하지만 한국에서 일할 생각이라면 영어가 더욱 가치가 있습니다. 중국인들은 당신이 중국인처럼 말한다고 해서 존중해 주지 않습니다. 그들은 영어를 잘하는 한국인을 존중합니다.

학생: 하지만 너무 나이가 들면 영어를 배울 수 없다는 말을 들었습니다.

학원 상담가: 우리 학원에는 나이 든 학생들이 많으며, 그들은 우리의 교육 과정에 만족하고 있습니다. It's better late than never to learn English.

register 등록하다 **be bad at** ~을 제대로 하지 못하다 **character** 글자 **be interested in** ~에 관심이 있다 **valuable** 가치 있는 **respect** 존중하다 **program** 교육 과정

학생: 내 기말 과제가 그다지 인상적이지 않아서 건축 강의에서 A^{+}를 받지 못했어.

친구: 그거 안됐구나. 너 이번 학기에 굉장히 열심히 공부했잖아.

학생: 알아. 기말 과제가 너무 많았고 이 과제를 할 수 있는 시간이 하루밖에 없었어. 내가 신중하지 못했어. 난 haste makes waste 라는 교훈을 배웠지.

친구: 난 네가 좋은 학생이라고 생각해. 자신을 너무 심하게 탓하지는 마.

architecture 건축 **project** 과제 **impressive** 인상적인 **semester** 학기 **careless** 부주의한, 신중하지 못한 **hard on** ~에 엄격한

부인: 나 오늘 너무 화가 났었어.

남편: 뭐가 문젠데?

부인: 냉장고 기술자가 돈을 너무 많이 청구했어. 자기가 우리 독일제 냉장고를 고칠 수 있는 유일한 기술자라나. 아마도 부품이 한국 냉장고하고 다른가 봐.

남편: 그건 거짓말이야. 부품이 얼마나 다를 수 있는데? 애초에 독일제 냉장고를 사는 게 아니었어.

부인: 내 잘못이 아니야. In the country of the blind, the one-eyed man is king. 우린 그냥 운이 좋지 않았을 뿐이야.

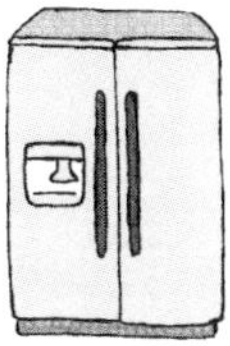

refrigerator 냉장고 **technician** 기술자 **charge** 청구하다 **supposedly** 아마 **in the first place** 애초에

Talk Sense Review

092 **Woman:** My boyfriend went on a trip to New Zealand with his friends. But he hasn't called me for three days. Do you think he met another woman?
Friend: I doubt it. Your boyfriend is a very nice person. Just think that 무소식이 희소식이다.
Woman: I hope you're right.

---

093 **Son:** Mommy, I fell down hard at school. My knee hurts so much.
Mother: Are you okay? Why did you fall down?
Son: I was running away from some girls.
Mother: Why were you running away?
Son: They were mad at me because I lifted their skirts.
Mother: What you did is an awful thing. I don't want you to ever do that again. I was going to put some medicine on your knee, but you do it yourself. You must learn that 뿌린 만큼 거둔다.

---

094 **Student:** Why do most Middle Eastern countries hate America? Even the countries that didn't have a direct conflict with America seem to hate the country.
Friend: I think it's because Americans often look down on the Arabic culture. I heard that many Arabs are searched at airports just because they're Arabs.
Student: I see.
Friend: Even though each country in the Arab world is as different as Korea, Japan and China there is a common feeling against Americans. It's like 내 원수의 적은 내 친구다. I mean the Arabs fought each other in war, but when one country fights with America, the Arab world unites.

---

095 **Student:** I'm so embarrassed that everybody at school is asking me about my break-up. Why are people talking about my break-up so much?
Friend: 나쁜 소식은 빨리 전달되잖아. Have you ever talked about somebody else's break-up?

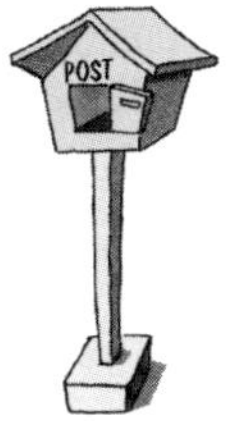

여자: 내 남자 친구가 친구들이랑 뉴질랜드에 여행을 갔어. 그런데 3일 동안 나한테 연락을 하지 않는 거야. 내 남자 친구가 다른 여자를 만났을까?
친구: 그럴 리는 없을 거야. 네 남자 친구는 굉장히 좋은 사람이야. 그냥 no news is good news 라고 생각해.
여자: 네 말이 맞았으면 좋겠다.

아들: 엄마, 나 학교에서 세게 넘어졌어. 무릎이 너무 아파.
어머니: 괜찮니? 어쩌다 넘어졌어?
아들: 어떤 여자애들한테서 도망치다가.
어머니: 왜 도망쳤는데?
아들: 내가 걔네들 치마를 들추었기 때문에 나한테 화를 냈어.
어머니: 네가 한 짓은 나쁘구나. 두 번 다시 그래서는 안 된다. 내가 무릎에 약을 발라 주려고 했지만, 네 스스로 해라. 넌 you reap what you sow 라는 사실을 배워야 해.

📖 **run away** 도망치다 **awful** 아주 심한 **medicine** 약

학생: 왜 대부분의 중동 국가들이 미국을 싫어하지? 미국하고 직접적인 분쟁이 없는 나라들도 그 나라를 싫어하는 것 같아.
친구: 내 생각에는 미국인들이 종종 아랍 문화를 무시해서 그런 것 같아. 많은 아랍인들이 단지 아랍인이라는 이유만으로 공항에서 수색을 당한다는 얘기를 들었어.
학생: 그렇구나.
친구: 비록 아랍 세계의 각 나라들이 한국, 일본, 중국과 마찬가지로 서로 다르지만, 미국인들에 대해서는 공감대를 형성하고 있어. 마치 the enemy of my enemy is my friend 라는 것과 같은 식이지. 아랍인들끼리 서로 전쟁을 했더라도, 한 나라가 미국과 싸울 때는 아랍 세계가 단결한다는 말이지.

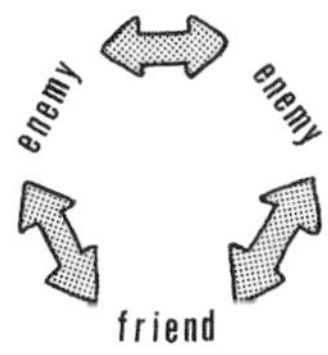

📖 **conflict** 갈등 **look down on** ~을 무시하다 **be searched** 검색을 받다 **unite** 단결하다

학생: 학교 애들 모두가 내가 헤어진 것에 대해서 물어 보는 것 때문에 너무 창피해. 왜 사람들은 내가 헤어진 것에 대해서 그렇게 말들이 많지?
친구: Bad news travels fast. 넌 다른 사람이 헤어진 것에 대해 얘기한 적이 있니?

📖 **be embarrassed** 당황스럽다, 창피하다 **break-up** 연인끼리 헤어짐, 불화

Talk Sense **Review**

096 **Student:** How did you do so well on your tests?
Friend: I happened to study with a book that had similar questions to the test.
Student: What's the name of the book?
Friend: *Study Book for Geniuses.*
Student: Do you think the next test will be like the problems in the book?
Friend: I wouldn't count on it. 번개는 같은 곳에 두 번 치지 않으니까. But it's a good book for sure.

097 **Father:** I want you to behave with extra precaution when you go to our family meeting this week.
Son: I know, dad.
Father: You were caught smoking the last time we went. That is unacceptable.
Son: Okay, okay.
Father: 나무는 그 열매로 알 수 있는 법이야. If you do something stupid, I will lose face.

098 **Girl:** Did you get a boyfriend?
Friend: No. Why do you ask?
Girl: You always hold your cell phone in your hands and look in the mirror. Those are signs that you like somebody.
Friend: Not really.
Girl: Come on, tell me what's happening. You can't fool me. 연기가 있는 곳에 불이 있는 법이지.

학생: 시험을 어쩌면 그렇게 잘 봤어?
친구: 우연히 시험과 유사한 문제가 수록된 책으로 공부했어.
학생: 책 이름이 뭔데?
친구: 《천재들을 위한 참고서》.
학생: 다음 시험도 그 책에 있는 문제랑 비슷할까?
친구: 그건 장담할 수 없지. Lightning never strikes twice in the same place. 하지만 확실히 좋은 책이야.

📖 **similar to** ~와 비슷한 **count on** ~을 기대하다, ~에 의지하다 **for sure** 확실히

아버지: 이번 주 가족모임에 갈 때 네가 각별한 주의를 기울여 행동했으면 좋겠다.
아들: 알아요, 아버지.
아버지: 저번에 갔을 때 너 담배 피우다가 걸렸잖아. 그건 용납할 수 없는 일이야.
아들: 예, 예.
아버지: A tree is known by its fruit. 네가 멍청한 짓을 하면 내가 체면을 잃게 돼.

📖 **extra** 여분의 **precaution** 조심, 경계 **be caught ~ing** ~하는 것을 들키다 **unacceptable** 용납할 수 없는 **lose face** 체면이 손상되다

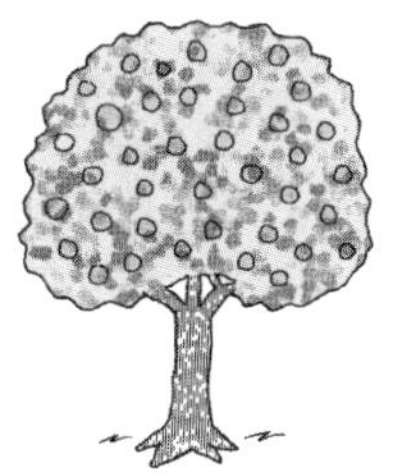

여자: 너 남자 친구 생겼니?
친구: 아니. 왜 물어 보니?
여자: 항상 핸드폰을 손에 들고 거울을 들여다보잖아. 그건 네가 누군가를 좋아한다는 조짐이지.
친구: 그런 건 아닌데.
친구: 이봐, 무슨 일인지 얘기해 줘. 날 속일 순 없어. Where there's smoke, there's fire.

📖 **sign** 신호, 조짐 **fool** 속이다

Talk Sense Review

099 **Presidential candidate:** We are facing a national crisis because more parents are not having children, but it's not their fault alone. 한 아이를 키우는 데에는 한 마을이 필요합니다, and when I become the president, I will change the government so that it will share the responsibility of parents. I will increase the budget for education and give tax breaks for families with newborns. As your president, I will make sure that the birthrate increases so that we can have a stable society. I have four children of my own and I want to make this society a welcome society for raising children.

100 **Woman:** I would like to marry a man who is tall, has a professional job, and comes from a good family. Do you have anybody like that?
Couple advisor: We have plenty of men like that. Feel free to choose from our list. But in order to have a successful marriage, 결혼하기 전에는 눈을 크게 뜨고 결혼하고 나서는 눈을 반쯤 감으셔야 합니다. Remember that nobody is perfect, no matter how perfect their stats may be.

101 **Editor:** I'm so happy that you've submitted your manuscript. It's going to be a great book.
Eugene: Thanks. But I'm so nervous.
Editor: You shouldn't be. You've worked so hard on this book and your writing shows it.
Eugene: I really appreciate what you're saying. But I'm sure I'll need to revise it a few times. 끝이 좋으면 모든 게 좋은 법이죠. Until my book comes out, I will comply with your suggestions. Feel free to give me any advice.

대통령 후보: 우리는 점점 더 많은 부모들이 아이를 낳지 않아 국가적인 위기를 겪고 있지만, 그것은 그들만의 잘못이 아닙니다. It takes a village to raise a child, 그러므로 제가 대통령이 된다면 정부가 부모들의 책임을 나누도록 정부를 바꿀 것입니다. 교육 예산을 늘일 것이며, 갓난아이가 있는 가족들에게는 세금을 감면해 줄 것입니다. 여러분의 대통령으로서 저는 안정적인 사회를 만들기 위해 출산율이 증가하도록 할 것입니다. 제게도 네 명의 자식이 있습니다. 저는 우리 사회를 아이 키우기 좋은 사회로 만들 것입니다.

face 맞이하다 **national crisis** 국가적인 위기 **budget** 예산 **tax break** 세금 감면 **newborn** 신생아 **make sure that** ~하도록 하다 **birthrate** 출산율 **welcome** 환영하는

여자: 저는 키가 크고, 전문직 직장을 가지고 있으며, 좋은 가문 출신의 남자와 결혼하고 싶습니다. 그런 사람 있습니까?

결혼 상담원: 그런 남자가 아주 많습니다. 우리의 목록에서 마음껏 고르세요. 하지만 성공적인 결혼을 위해서는 you should keep your eyes wide open before marriage and half shut afterwards. 아무리 그들의 수치가 완벽하더라도 아무도 완벽할 수 없다는 사실을 명심하세요.

professional 전문적인 **stat** 통계적인 자료, 수치

편집장: 원고를 제출해 줘서 너무 기쁩니다. 아주 좋은 책이 될 거예요.

유진: 고맙습니다. 하지만 너무 긴장이 되네요.

편집장: 그럴 필요 없어요. 이 책 때문에 아주 열심히 일한 것이 글에서 보입니다.

유진: 말씀 정말 고맙습니다. 하지만 분명히 몇 차례 수정해야 할 거예요. All's well that ends well. 제 책이 나올 때까지 편집장님의 제안을 따르도록 할게요. 서슴지 말고 어떤 조언이든 해주세요.

submit 제출하다 **manuscript** 원고 **nervous** 신경 쓰이는, 긴장되는 **revise** 고쳐 쓰다 **comply** 따르다 **suggestion** 제안 **feel free to** 서슴지 말고 ~하다

일러스트 **김연경**

홍익대 미대 졸업. 프리랜스 일러스트레이터. 한국출판미술협회 신인대상전 입상 및 황금도깨비 부문 입상. 전일본 창조회공모전 서양화구상 부문 입선, 오사카시립미술관 전시. 일반 단행본을 비롯한 동화책, 교과서, 참고서 등에 다양한 일러스트를 그려 넣고 있다.